Discipulado
Da multidão ao seguimento

Formação catequética

Diante de sua grande missão, o catequista necessita de sólida formação que leve em conta as dimensões humana e espiritual, e contemple o anúncio, o mistério de Cristo e o seu seguimento.

Catequese com estilo catecumenal

Discipulado
Da multidão ao seguimento

Iniciação à liturgia

Querigma
A força do anúncio

Mistagogia
Do visível ao invisível

Núcleo de Catequese Paulinas

Discipulado
Da multidão ao seguimento

Dados Internacionais de Catalogação na Publicação (CIP)
(Câmara Brasileira do Livro, SP, Brasil)

Discipulado : da multidão ao seguimento / NUCAP - Núcleo de Catequese Paulinas. – São Paulo : Paulinas, 2015. – (Coleção pastoral litúrgica)

Bibliografia.
ISBN 978-85-356-3913-3

1. Discipulado (Cristianismo) 2. Jesus Cristo - Discípulos 3. Jesus Cristo - Ensinamentos 4. Vida cristã I. NUCAP - Núcleo de Catequese Paulinas. II. Série.

15-05695   CDD-248.4

Índice para catálogo sistemático:
1. Discipulado de Jesus Cristo : Vida cristã : Cristianismo   248.4

1ª edição – 2015

Direção-geral: *Bernadete Boff*
Editores responsáveis: *Vera Ivanise Bombonatto e Antonio Francisco Lelo*
Copidesque: *Mônica Elaine G. S. da Costa*
Coordenação de revisão: *Marina Mendonça*
Revisão: *Ana Cecilia Mari*
Gerente de produção: *Felício Calegaro Neto*
Capa e diagramação: *Manuel Rebelato Miramontes*
Ilustrações: *Rodval Matias (capa e pp. 36, 41, 43, 45, 49, 77, 78, 101, 103, 130, 131, 134, 137, 139)*
Maximino Cerezo (p. 117)
Gustavo Montebello (pp. 91, 94, 96, 110)

Nenhuma parte desta obra poderá ser reproduzida ou transmitida por qualquer forma e/ou quaisquer meios (eletrônico ou mecânico, incluindo fotocópia e gravação) ou arquivada em qualquer sistema ou banco de dados sem permissão escrita da Editora. Direitos reservados.

Paulinas

Rua Dona Inácia Uchoa, 62
04110-020 – São Paulo – SP (Brasil)
Tel.: (11) 2125-3500
http://www.paulinas.org.br – editora@paulinas.com.br
Telemarketing e SAC: 0800-7010081
© Pia Sociedade Filhas de São Paulo – São Paulo, 2015

Agradeço à Irmã Vera Ivanise Bombonatto
por sua leitura atenta de especialista,
por suas dicas e sugestões.

"Quem me segue,
não andará nas trevas,
mas terá a luz da vida"
(Jo 8,12).

"Jesus disse: 'Vai, tua fé te salvou'.
No mesmo instante, ele recuperou a vista
e foi seguindo Jesus pelo caminho"
(Mc 10,52).

"Uma vez no caminho de Deus,
para sempre no caminho da vida e do amor.
E aquele que se coloca a caminho,
é transformado por aquele que guia os seus passos"
(Edson Adolfo Deretti).

Sumário

Apresentação 11

Introdução 13

    Oração 15

1. Crer em Jesus 17

    O plano do Pai.. 18

    Tornar-se discípulo... 22

    É um caminho 24

    Imagem de Jesus 26

    Seguimento e felicidade.. 28

2. Quem é Jesus 33

    Humanidade e divindade de Jesus 35

    A Palestina no tempo de Jesus.................................... 37

    A infância de Jesus... 40

    Início do ministério na Galileia 44

    Jesus tem autoridade 47

    Jesus revela o segredo de sua Pessoa 49

    Jesus e as multidões 52

    Confissão de Pedro – Marcos 8,27-33 52

    A transfiguração 53

    Jesus e seus discípulos 54

    Jesus, amigo dos discípulos.. 56

    Jesus e o Pai.. 57

    Jesus, chamado o Cristo (Mt 1,16) 59

3. Jesus chama os discípulos 63

"Vem e segue-me!" 67

Deixar a família 68

Seguir o Mestre 70

Os Doze 71

Mulheres discípulas 73

Testemunhas da ressurreição 75

No começo da Igreja 77

A vocação batismal 79

Sacerdote, profeta e rei 80

Martírio 83

4. Jesus forma os discípulos 85

A centralidade do Reino 86

Os pobres revelam o Reino 88

Já presente e ainda não plenamente 90

Ensinamentos: parábolas 92

Crescimento da fé dos discípulos 95

Cumprimento e superação da Lei 97

Mistério pascal 102

O Filho de Deus 105

Morte na cruz 107

A vitória da ressurreição 109

Jesus reza ao Pai 112

Jesus ensina os discípulos a rezar 114

Jesus mediador 115

A oração na força do Espírito Santo 115

El Salvador: a beatificação de um profeta 117

Não lhe faltava coragem 118

Não se pode entender Romero sem Rutílio................................. 118

5. Jesus envia os discípulos 121

O Espírito de Deus continua a missão 124

A comunidade dos discípulos.. 128

Paulo, chamado e enviado pelo Cristo................................... 134

O apóstolo do Evangelho 136

Como conclusão 138

Conclusão 141

Bibliografia.. 143

Documentos 143

Estudos 143

Artigos.. 144

Apresentação

O momento atual traz consigo o imperativo de repensar a identidade cristã. No âmbito da catequese emerge com força a pergunta: o que significa ser cristão hoje em nossa sociedade plural e complexa?

Ser cristão não é simplesmente aprender e aceitar uma doutrina, ser fiel a determinadas normas, observar algumas leis, aspectos sem dúvida importantes. Ser cristão é seguir uma pessoa que nos atrai a si e conquista o nosso coração: Jesus de Nazaré. É responder ao seu chamado e colocar-se a caminho, seguindo seus passos, motivados pela força do seu Espírito. É entrar na dinâmica processual do discipulado e percorrer um itinerário de fé e compromisso.

O *Documento de Aparecida* convoca a Igreja latino-americana e caribenha a iniciar, com renovado ardor e entusiasmo, um caminho novo, centrado na vocação fundamental de todo cristão: ser discípulo missionário de Jesus Caminho, Verdade e Vida.

As *Diretrizes da ação evangelizadora para 2015-2019* colocam entre as urgências da evangelização a iniciação cristã e convidam cada paróquia a ser tornar "casa da iniciação cristã".

Esta obra, *Discipulado*, situa-se neste horizonte de fé e compromisso e de resposta ao chamado de Deus. Quer ser uma ajuda nesta difícil caminhada de "conversão pastoral", querida pelo Papa Francisco, e de uma "Igreja em saída".

Cada página foi cuidada, com especial dedicação e competência, pelo Pe. Antonio Francisco Lelo. Ele percorreu o nosso imenso país, ministrando cursos de catequese. Sua experiência e seu conhecimento da realidade atual de nossas comunidades transparecem em cada página deste livro, que, por isso mesmo, sem dúvida, tocará o coração de todos os que se dispuserem a aprofundar a realidade do seguimento de Jesus.

Esta obra completa a trilogia que sintetiza a dinâmica dos tempos da iniciação cristã de inspiração catecumenal: *querigma*, o anúncio de

Jesus e de seu Reino; *discipulado*, deixar a multidão para conhecer mais intimamente o Mestre que chama; *mistagogia*, fazer a experiência progressiva dos símbolos celebrados para vivê-los plenamente na liturgia da comunidade.

Colocando esta obra nas mãos das pessoas que desejam um encontro pessoal com Jesus Cristo, bem como dos catequistas, agentes de pastoral, o Núcleo de Catequese Paulinas – NUCAP quer colaborar para que todos vivam um itinerário permanente de catequese, de inspiração bíblica, mistagógica e litúrgica.

Irmã Vera Ivanise Bombonatto, fsp
Teóloga

Introdução

Atualmente, ter fé em Jesus Cristo é algo que precisa ser despertado e cultivado numa sociedade que perdeu a referência cristã. Ainda há lugar para a fé? Para que seguir Jesus Cristo? Sua mensagem ainda tem sentido hoje, não é mais moderno crer na reencarnação, na ciência da felicidade...? A fé em Jesus nos liberta ou impede a nossa realização pessoal? A Igreja Católica consegue ser identificada com a reunião dos seguidores de Jesus?

Já é um bom sinal ter devoção a Jesus e conhecer um pouco do seu Evangelho. Esse é o início de um caminho que parte do seu chamado: "Vem e segue-me" (Mt 19,21c). Com esse convite, Jesus dá o primeiro passo para que possa acontecer o encontro com ele. "O caminho de formação do seguidor de Jesus lança suas raízes na natureza dinâmica da pessoa e no convite pessoal de Jesus Cristo, que chama os seus pelo nome e estes o seguem porque lhe conhecem a voz."[1]

Cabe a nós o segundo passo de, movidos pela força do Espírito Santo, permanecer com o Senhor para conhecer o mistério de sua pessoa. "Essa foi a maravilhosa experiência daqueles primeiros discípulos que, encontrando Jesus, ficaram fascinados e cheios de assombro ante a excepcionalidade de quem lhes falava, diante da maneira como os tratava, coincidindo com a fome e sede de vida que havia em seus corações."[2]

A nossa experiência de fé, mesmo que pequenina, unida à da Igreja, torna-se determinante para descobrirmos como ele se revela a nós. Queremos partir do sentimento de fé, de piedade e de devoção latente em todos nós que cremos para suscitar o contato mais direto com Jesus.

O discipulado suscita a intimidade da amizade com o Senhor para nos levar à revelação da presença do Reino já, agora. Assim como os discípulos conviveram com o Mestre e começaram a entender o mundo

---

[1] *Documento de Aparecida*, n. 277.

[2] *Ibid.*, n. 244.

com o olhar dele, vamos refazer a mesma trajetória de descoberta para, em comunhão com Jesus, acolhermos o Reino e vivermos de maneira nova. Essa será a nossa grande transformação.

Discipulado evoca a imagem do caminho a ser percorrido, como também exige tempo para que aconteça a transformação da mentalidade, das atitudes, para adquirirmos os sentimentos e o modo de ver o mundo segundo o coração de Jesus. Nossos hábitos e valores não mudam do dia para a noite. Só com o tempo passamos a ver as coisas de outra maneira.

Ser discípulo é uma decisão urgente para fundamentar nossa identidade cristã, saber quem somos, qual é o nosso projeto de vida e onde vamos buscar forças para lutar. Por isso, *o objetivo deste livro é apresentar Jesus e o seu relacionamento com os discípulos, a fim de que cada leitor promova sua passagem de cristão na multidão para o seguimento convicto do Mestre na comunidade dos discípulos.*

A iniciação à vida cristã é o tempo de iniciar o caminho de seguimento do Senhor. O tempo do catecumenato é, por excelência, o exercício mais intenso desse encontro e permanência pessoal e íntima com ele. A culminância deste processo se dará na participação sacramental. O Batismo irá configurar o neófito como discípulo por toda a sua vida, constituindo-o herdeiro da mesma missão do Senhor. Pois o discípulo não é maior que o seu Mestre. Ao derramar o Espírito como dom, a confirmação selará mais perfeitamente este encontro. Ao apresentarmos nosso sacrifício existencial na celebração, a presença memorial do Senhor na Eucaristia assegurará nossa progressiva conformação pascal como culto em espírito e verdade unido ao de Cristo.

Dessa forma, uma vez iniciados como discípulos, nossos passos contarão sempre com o Mestre à nossa frente.

O livro se divide em cinco capítulos:

1) *Crer em Jesus* – recoloca questões sobre a fé numa sociedade convulsionada pela técnica e pelas mudanças. Como integrar o plano do Pai de salvar o mundo com a encarnação de Cristo? Por que o mal ainda persiste? Como ser feliz tendo que assumir a cruz?

2) *Quem é Jesus* – os apóstolos tentaram responder esta pergunta enquanto caminhavam com ele, mas só puderam amadurecer

a resposta depois da ressurreição. A princípio, o compreenderam como messias político e poderoso, e quanto lhes custou reconhecer nele o Messias Servo! No entanto, a partir da própria experiência de fé e rezando com a comunidade, cada um de nós saberá defini-lo pessoalmente.

3) *Jesus chama os discípulos* – a vocação nasce do encontro com o Senhor; a relação mestre-discípulo não se limita ao fato de ensinar e aprender uma doutrina, mas é uma comunhão vital com Jesus. Ao lado dos homens, há também mulheres com Jesus, que iniciam este caminho.

4) *Jesus forma os discípulos* – a convivência com o Mestre, a novidade do Reino, o ensinamento por meio de parábolas, a superação da Lei e o mistério pascal constituirão um grande e duro aprendizado.

5) *Jesus envia os discípulos* – para anunciar o Reino, e lhes confere o poder contra o mal; ao ser ressuscitado, derrama o seu Espírito sobre os discípulos de todos os tempos e os envia a todo canto da terra com esta mesma missão.

Os discípulos só poderão encontrar-se, ver e experimentar de novo a Jesus se continuarem o projeto por ele iniciado.

Com a força da oração, dom do Espírito, que nos une diretamente no coração do Pai e de seu Filho, descobriremos o plano de realização para as nossas vidas e a missão para a qual a Trindade nos destinou neste mundo.

Oração

Senhor, que nos chamais a vos seguir, dai-nos a inspiração e a decisão certas para que andemos sempre convosco, cumprindo vossos ensinamentos.

– Guiai-nos, Senhor, no caminho de vosso amor!

Ajudai-nos a permanecer firmes na fé, na vida de comunidade e de comunhão com os irmãos e irmãs, seguindo o exemplo de decisão e de firmeza cristã de nossos santos e de nossos mártires.

– Guiai-nos, Senhor, no caminho de vosso amor!

Ó Deus, dai-nos o dom da perseverança e que, descobrindo a liberdade de vosso amor, alcancemos também a santidade. Vós que viveis e reinais pelos séculos sem fim.

– Amém!

1 Crer em Jesus

Depois de tanta correria, durante o dia a dia que ocupa todo o nosso tempo, depois, já mesmo em casa, nos damos conta de que está faltando algo. Um aperto no coração e mais a sensação de incompletude nos dizem que nosso coração não está satisfeito. Como um olho d'água que brota da terra, pequenino e frágil, mas intermitente e cristalino, a fé surge em nosso interior como esse veio de água boa, acalmando nossa ansiedade, diminuindo nossa fragilidade e amparando nossa solidão.

Ouvir nosso interior é uma arte. Mesmo atordoados pelo agito da vida diária, chegamos a um ponto de equilíbrio ao buscarmos aquilo que dá sentido à vida e constrói um campo novo de relacionamentos. Nem sempre somos capazes de descobrir o sentido do que acontece a nossa volta: o de algumas coisas, talvez somente depois de muitos anos; o de outras, só na eternidade.

O milagre de crer dá início a uma grande viagem pelo nosso interior. Pela fé, conseguimos enxergar uma realidade que não vemos, discernir o significado dos acontecimentos e redirecionar nossa vida. O ato de crer revolve as raízes de nossa ligação com a natureza, nos deixa espantados diante do estrondoso milagre do nascimento de um novo ser e põe nossa pequenez em contato com a rede que liga os elementos de todo o universo.

"A fé remove montanhas", diz o povo. Essa força interior que brota sem sabermos de onde, imprime coragem, destemor e enfrentamento das situações mais complicadas. Basta ver uma pessoa andando pela calçada com um filho deficiente físico ou intelectual para reconhecermos a garra que essa situação requer. Mas a fé nos faz ir adiante, adquirir forças e seguir com esperança.

Crer é, sobretudo, aceitar a gratuidade da vida que nos vem de Alguém capaz de dar plenitude e finalidade a ela. Essa plenitude se apresenta muito mais no modo de aceitar nossos limites do que propriamente de nos tornar invulneráveis e blindados diante da doença, da violência, da injustiça, dos sofrimentos, intempéries, acidentes, luto ou qualquer outra limitação humana. A fé nos plenifica porque nos coloca na companhia de Deus; a sua graça, ternura, compaixão e providência nos amparam e não nos deixam nunca nos sentirmos sós.

Outro serviço da fé em favor do ser humano é orientar nossa existência para o seu destino final. A fé nos abre os horizontes da eternidade em Deus, que começa desde agora, porque já possuímos o que futuramente teremos em plenitude.[1]

Mas por que crer, se o mal persiste no mundo e Deus permanece alheio ao sofrimento humano? À primeira vista, a fé parece obsoleta e desnecessária, no entanto, ela oferece o sentido originário e último da vida. Sem ela, reduzimos nosso horizonte apenas às coisas materiais, sem o devido respeito ao lugar do outro no planeta. Ao contrário, pela fé, reconhecemos que tudo vem de Deus, é obra da sua criação, e que somos irmãos com direitos iguais!

O plano do Pai

Quando se reza a Oração Eucarística IV na Missa, quem preside a celebração diz: "Nós proclamamos a vossa grandeza, Pai Santo, a sabedoria e o amor com que fizestes todas as coisas: criastes o homem à vossa imagem e lhe confiastes todo o universo, para que, servindo a vós, seu criador, dominasse toda criatura. E, quando pela desobediência perdeu a vossa amizade, não o abandonastes ao poder da morte, mas a todos socorrestes com bondade, para que, ao procurar-vos, vos pudessem encontrar. E, ainda mais, oferecestes muitas vezes aliança aos homens e os instruístes pelos profetas na esperança da salvação".

A humanidade estava toda cercada pelo pecado e não tinha como escapar desse cerco. No começo não foi assim. Deus criara o homem de suas mãos dadivosas. E este homem usufruía de uma inteligência aguda e penetrante, pois tinha descoberto, adivinhado e imposto o nome às inúmeras realidades que se situavam ao seu redor. Dar o nome, na linguagem bíblica, implica a inserção profunda na essência da coisa, à qual se impõe o nome. Entretanto, rodeado pela imponência da criação, o ho-

---

[1]   Cf. Hb 11,1.

mem não encontrava um ser que lhe fosse próximo, lhe fosse semelhante, lhe fosse companheiro, à altura de suas aspirações.

Foi então que Deus decidiu dar-lhe uma ajuda condigna: "Não é bom que o homem esteja sozinho. Vou fazer para ele uma auxiliar, que lhe seja semelhante" (Gn 2,18). Deus envolveu Adão num torpor, extraiu-lhe do lado o "encaixe" (em hebraico *Seláh*) e com ele plasmou uma mulher (em hebraico *isháh*), e a conduziu perante o homem. Este ficou encantado e exclamou: "Essa, sim, que é carne da minha carne e osso dos meus ossos. Ela será chamada mulher (*isháh*), porque foi tirada do homem (*ish*)" (Gn 2,23).

Nossos primeiros pais, Adão e Eva, foram tentados, quiseram ser como o Criador, e, assim, romperam o diálogo e a harmonia com Deus e se afastaram dele. Deixaram-se enganar pela voz tentadora da serpente ao prometer-lhes que, se desobedecessem a Deus, seriam como ele, conhecedores do bem e do mal. Dessa forma, eles ultrapassariam a condição de criaturas e se igualariam a Deus. Foi o pecado do orgulho e da vaidade que os levaram à competição com Deus, recusando-se a se submeterem a ele, que quer somente o nosso bem.

Criou um jardim, o Paraíso, com a árvore da ciência no centro: imagem da natureza em harmonia, mas, no momento em que o ser humano começou a pecar, conheceu a morte. O fruto da árvore da ciência é o conhecimento do bem e do mal. A serpente, o símbolo clássico da traição, é também escolhida para representar o mal por ser adorada como um deus por povos vizinhos aos judeus.

A sensação de estarem nus após comer da fruta, mais do que perceber que estavam sem roupas, mostra o sentimento claro de estar fora de lugar, em desarmonia com o Paraíso criado por Deus sem maldade, egoísmo, orgulho e cobiça.[2]

Instruída a causa, vem a sentença. Para o homem: "Com sofrimento tirarás da terra teu alimento todos os dias de tua vida". Para a mulher:

---

[2] Necessariamente, as coisas não aconteceram como foram relatadas. Mais do que narrar como ocorreram os fatos, o autor bíblico quer que tiremos uma conclusão sábia do relato. Ele nos transmite uma mensagem, que devemos entender bem. Não nos devemos preocupar demais em saber se um determinado fato que a Bíblia conta aconteceu exatamente assim, se era tão milagroso ou não. O importante é descobrir a mensagem e aplicá-la à vida.

"Entre dores darás à vida teus filhos". E, finalmente, para Satanás: "Porei inimizade entre ti e a mulher; entre a tua descendência e a dela. Esta (a descendência) te ferirá a cabeça".

O mal existe porque o ser humano tem a liberdade de escolher os seus próprios caminhos. Fomos criados livres, com a possibilidade de seguir nossas opções. Podemos, pois, fazer tanto o bem quanto o mal. Se não tivéssemos inteligência e vontade, não existiria o mal no mundo; se fôssemos meros robôs, também não. Por outro lado, sem liberdade não haveria o bem nem saberíamos o que é um gesto de amor. Também não conheceríamos o sentido de palavras como gratidão, amizade, solidariedade e lealdade. O mal nasce do abuso no emprego da liberdade ou da falta de amor. Nem sempre ele é feito consciente ou voluntariamente.

Essa condição de pecadores permanece conosco até hoje, pois, mesmo firmados no amor de Deus e orientados por nossos pais, pomos a culpa no outro pelos erros que cometemos, escondemos nossas maldades, muitas vezes não colaboramos por preguiça... Como o pecado é fruto do orgulho humano contra Deus, ele permanece dentro de nós, por isso trazemos em nosso coração duas vontades: do bem e do mal.

Todo o Antigo Testamento é compreendido como tempo das promessas para a humanidade se reconduzir a Deus. Em razão disso, Deus forma e elege Israel como luzeiro das nações, preparando-o para obter a redenção deste pecado com a vinda do Messias. Por isso, inúmeras vezes, o Senhor propôs aliança com o povo por meio dos patriarcas e dos profetas.

"A vida não será fácil para o homem e para a mulher. Haverá sofrimentos, dificuldades e incompreensões. Como reparar o pecado e voltar a ser feliz? O homem o tentou através de sacrifícios oferecidos a Deus: holocausto de bois, de ovelhas, de frutos, de pássaros e até sacrifícios humanos. Nada, porém, conseguiu restabelecer a comunhão com Deus rompida pelo pecado [...]. Estaria, então, selada definitivamente a desgraça da humanidade? Estaria! A menos que o próprio Deus criasse um caminho de recuperação, uma ponte que permitisse restabelecer a comunicação entre Deus e o homem."[3]

---

[3] PIRES, José Maria. *Meditações diante da cruz*: as sete palavras de Jesus. São Paulo, Paulinas, 2015. p. 11.

"E de tal modo, Pai santo, amastes o mundo que, chegada a plenitude dos tempos, nos enviastes vosso próprio Filho para ser o nosso salvador" (Oração Eucarística IV).

"Mas, sendo Deus com o Pai, o Filho não pode assumir essa responsabilidade em lugar do homem a não ser que ele, sem deixar de ser Deus, se torne humano e possa, assim, falar e agir por toda a humanidade. Surge, então, a necessidade de uma mulher que possa dar humanidade ao Verbo, ao Filho de Deus. A escolhida é a Virgem Maria, já anunciada em Isaías quando profetiza: 'Eis que a Virgem conceberá e dará à luz um filho: Emanuel Deus conosco' (Is 7,14). Em Maria se realiza a sentença de Deus contra a serpente: 'Um dia esta (a descendência da mulher) te ferirá a cabeça' (Gn 3,15)."[4]

O amor do Pai se revela em seu Filho Jesus. O seu Verbo se faz carne e vem habitar em nosso meio para nos revelar os segredos do Reino e nos ensinar o caminho de volta para o Pai, visto que o pecado e o ódio do mundo nos impedem de reconhecer a Deus como Pai e o próximo como irmão. Jesus é o acontecimento decisivo da fé; para ele nos orienta o Espírito Santo que move nosso coração, a fim de que nossa adesão seja cada vez mais plena.

Agora está completamente revelado o plano de Deus para recuperar a criação. Resta saber como o Filho de Deus feito homem vai agir para devolver ao Pai, completamente recuperado, o plano original.

Como Deus e homem, Jesus Cristo pôde assumir nossa dívida e quitá-la sobejamente. Onde abundou o pecado superabundou a graça, pois bastaria uma só gota de seu sangue para lavar o mundo de todos os pecados.

Na pessoa de seu Filho, o Pai se nos revela e leva a termo a salvação da humanidade. "Deus amou tanto o mundo que deu o seu Filho único, para que todo o que nele crer não pereça, mas tenha a vida eterna. Pois Deus enviou o seu Filho ao mundo, não para condenar o mundo, mas para que o mundo seja salvo por ele" (Jo 3,16-17).

A partir da encarnação de Jesus, o Pai restabelece definitivamente o caminho de redenção do mal. Em Jesus, seu Filho, o Pai inaugura o Reino em nosso tempo. Dessa forma, a realidade atual é vista sob o olhar da

---

[4] Ibid., p. 12.

esperança, pois Jesus instaura uma nova forma de relacionamento para aqueles que lhe dão fé e lhes garante um destino de salvação.

Tornar-se discípulo

O Evangelho[5] nos mostra como Deus, *em* e *por* Jesus de Nazaré, entra na história da humanidade, revelando-nos sua intimidade e iluminando nosso caminho. Nossa conversa sobre o seguimento de Jesus Cristo tem como horizonte a descoberta e o cultivo da fé na bondade de Deus que se revela plenamente na pessoa dele.

No início do evangelho segundo Marcos, Jesus inicia seu ministério na Galileia anunciando a plenitude do tempo com a chegada do Reino. Diante deste acontecimento definitivo, cabe-nos uma única atitude: converter-se e crer na Boa-Nova (1,15).

Decididamente, para nos colocar no caminho de Jesus e descobrir o mistério de sua pessoa como Filho de Deus, temos que nos encontrar com ele, ouvir o seu chamado. Este encontro conta com a graça que por primeiro nos atraiu: "Eis que estou à porta e bato; se alguém ouvir minha voz e abrir a porta, eu entrarei na sua casa e tomaremos a refeição, eu com ele e ele comigo" (Ap 3,20). O primeiro anúncio fundamental da salvação em Cristo, chamado querigma, ressalta exatamente essa ação transformadora da graça em nosso favor. Diante da qual, caberá àquele que escuta: aceitar ou negar esta realidade.

Os evangelhos registram as "multidões" de pessoas que esporadicamente se aproximavam de Jesus, de forma anônima e por vezes hostil, e diante delas Jesus realizava milagres. Mas o Mestre também convocou

---

[5] "O termo *evangelho* deriva do grego *euangélion* (*eu* significa "bom/boa", e *angélion* significa "notícia/mensagem"). Evangelho é, então, o "anúncio de um acontecimento bom e extraordinário" nos lábios de quem o transmite e para os ouvidos de quem o escuta. Os primeiros cristãos assumiram e utilizaram o termo para definir o *evento Jesus Cristo* na sua totalidade. *Euangélion* é a mensagem salvífica, anunciada *oralmente*, e tem seu início na vida e obra de Jesus, pois ele é a *Boa Notícia* do Pai revelada aos homens. Assim, no início, a pregação da Igreja não dizia respeito a uma notícia deixada por escrito, mas era a transmissão da experiência que brotou da fé dos Apóstolos que conviveram com a pessoa e participaram das palavras e das obras de Jesus de Nazaré" (FERNANDES, Leonardo Agostini. Introdução ao evangelho segundo Marcos. In: FERNANDES, Leonardo Agostini; GRENZER, Matthias. *Evangelho segundo Marcos*: eleição, partilha e amor. São Paulo, Paulinas, 2012. p. 8-9.).

um grupo menor de seguidores que o acompanhava mais de perto, e para este grupo dirigiu explicações detalhadas daquilo que ensinava, a fim de que participasse mais intimamente de sua missão. O convite inicial é para o leitor passar de integrante da multidão à condição de discípulo de Jesus.

O evangelista Mateus reúne as parábolas no capítulo 13 e ali é nítida a diferença de explicação para a multidão e o tratamento que Jesus dedica aos discípulos. A multidão não é capaz de entender o significado das parábolas, já os discípulos aparecem como aqueles que podem compreender, porque a estes Jesus deu a conhecer os mistérios do Reino dos Céus, enquanto à multidão, não (cf. 13,10-11).

Jesus distingue os discípulos da multidão, uma vez que são chamados a ter maior proximidade com ele. Em Mateus 14,22, Jesus força seus discípulos a embarcar e a aguardá-lo na outra margem, até que ele despedisse as multidões.

Quando os evangelhos utilizam a expressão "discípulos", isto é, aqueles que aprendem, é possível falar deste segundo círculo mais estreito de seguidores (cf. Jo 6,66-67), que também incluía mulheres (Lc 8,1-3).[6]

No mundo grego clássico, a expressão "discípulos" indicava os seguidores de uma doutrina ou de um mestre. Muito mais que a ideia de aluno que aprende, o termo se refere ao seguimento de uma pessoa, ao "ir atrás de" (Mc 8,34), assim como lemos em Lucas 19,28: "Jesus caminhava à frente dos discípulos, subindo para Jerusalém".

Seguir é colocar-se na dinâmica do caminho e engloba, por conseguinte, o discipulado enquanto assimilação de um modo de viver. Discipulado situa-se no horizonte da resposta do chamado ao seguimento.

Em Mateus 27,57, o evangelista descreve a ação de José de Arimateia, que veio retirar o corpo de Jesus da cruz, e se refere a ele como alguém que "se tornara discípulo de Jesus". Logo adiante, Mateus registrará a ordem de Jesus Ressuscitado: "Ide, pois, fazer discípulos entre todas as nações" (28,19). "Tornar-se discípulo" constitui um processo que somente quem deseja ser seguidor de Jesus pode realizar.

---

[6] Este termo aparece 73 vezes no evangelho de Mateus, 46 vezes em Marcos, 37 vezes em Lucas e 78 vezes em João.

Para sermos discípulos, vamos partir do sentido de fé que já se despontou em nosso coração, especialmente, por termos encontrado o Senhor naquelas situações mais difíceis que ele nos ajudou a atravessar, e aceitá-lo definitivamente como o enviado de Deus Pai para a salvação do mundo. A maneira mais eficaz de nos tornarmos discípulos é responder ao seu chamado, aceitar o seu convite para ser seu amigo e abrir-lhe o coração com confiança. A amizade com o Senhor não defrauda ninguém.

É um caminho

Nossos hábitos e valores não mudam do dia para a noite. Só com o tempo passamos a ver as coisas de outra maneira. Para caminharmos precisamos de um tempo para cumprir a jornada de sair de um lugar e chegar a outro melhor.

O discipulado suscita a intimidade da amizade com o Senhor para se fazer um caminho de fé, de reconhecimento da revelação de sua pessoa em nossa vida. "Não se trata de repetir mecanicamente o que Jesus fez, pois ele viveu num contexto diferente do nosso. Trata-se de perguntar--se, a cada momento, o que Jesus faria se estivesse em meu lugar, hoje? Para responder a esta pergunta, é necessário conhecer o que Jesus fez e ensinou! O seguidor deve *reproduzir* a estrutura fundamental da vida de Jesus: encarnação, missão, cruz e ressurreição e, ao mesmo tempo, *atualizá-la*, inspirado e animado pelo Espírito de Jesus e de acordo com as exigências do contexto em que vive."[7]

Seguir o Senhor envolve nossa vida inteira como processo de identificação com o Mestre para adquirir os mesmos sentimentos dele. Toda a nossa vida pode ser vista como uma trajetória em busca da terra sem males, como diziam nossos antepassados indígenas; portanto, toda ela é tempo de seguimento do Senhor.

No evangelho segundo Lucas 24,13-35 encontramos a passagem exemplar de Jesus com os discípulos de Emaús. "Lucas escreve nos anos 80 para as comunidades da Grécia que na sua maioria eram de

---

[7] BOMBONATTO, Vera Ivanise. Discípulos missionários hoje: catequese, caminho para o discipulado. In: COMISSÃO EPISCOPAL PASTORAL PARA A ANIMAÇÃO BÍBLICO--CATEQUÉTICA DA CNBB. *3ª Semana Brasileira de Catequese – Iniciação à vida cristã*. Brasília: Edições CNBB, 2010. p. 169-185, aqui p. 171-172.

pagãos convertidos. Os anos 60 e 70 tinham sido muito difíceis. Houve a grande perseguição de Nero em 64. Seis anos depois, em 70, Jerusalém foi totalmente destruída pelos romanos [...]. Nesses anos todos, os apóstolos, testemunhas da ressurreição, foram desaparecendo. O cansaço ia tomando conta da caminhada. Onde encontrar força e coragem para não desanimar? [...] Lucas quer ensinar às comunidades como interpretar a Escritura para poder redescobrir a presença de Jesus na vida."[8] Esta passagem é modelo de um caminho de transformação:

1) Era o primeiro dia da semana, novo dia que os cristãos consagravam ao Senhor.

2) Os discípulos estavam desanimados e saíam de Jerusalém, lugar onde Jesus cumpriu a sua Páscoa.

3) *Jesus põe-se a caminho com eles* (v. 15), seus olhos continuavam vendados, incapazes de reconhecê-lo.

4) Jesus retoma o projeto salvífico de Deus: "E, começando por Moisés e passando por todos os Profetas, explicou-lhes, em todas as Escrituras, as passagens que se referiam a ele" (v. 27).

5) Jesus parte o pão, então seus olhos se abrem e eles o reconhecem.

6) "Naquela mesma hora, levantaram-se e voltaram para Jerusalém, onde encontraram reunidos os Onze e os outros discípulos" (v. 33) e, então, anunciaram e testemunharam o Senhor Ressuscitado.

Compreender a vida cristã como discipulado significa seguir com Jesus Cristo pela vida afora refazendo a mesma trajetória desses discípulos. Inicialmente sentimos medo, a cruz nos assusta e somos tomados pelo desengano de que este caminho não nos levará a lugar nenhum. Por isso, os discípulos seguiram na direção contrária de Jerusalém.

Em nosso processo de amadurecimento da fé, Jesus Ressuscitado é nosso companheiro de viagem. Passo a passo, ele desfaz as barreiras do medo e do pessimismo: "Eis que estou convosco todos os dias, até o fim dos tempos" (Mt 28,20b); "Eu sou o Alfa e o Ômega, o Princípio e o Fim. A quem tiver sede, eu darei, de graça, da fonte da água vivificante" (Ap 21,6).

---

[8] MESTERS, Carlos. *A aparição de Jesus aos discípulos de Emaús*. Disponível em: <http://liturgiadiariacomentada2.blogspot.com.br/2014/04/a-aparicao-de-jesus-aos--discipulos-de.html>. Acesso em: 07/05/2015.

A passagem anterior exprime bem o que a comunidade do evangelista Lucas enfrentou: "e agora que ele morreu, onde iremos encontrá-lo?". A mesma comunidade achou a resposta quando se reuniu para celebrar a Eucaristia, pois sentia a força de sua presença junto dela. E para enfrentar as perseguições e vencer o desânimo, tinha claro que era o Senhor mesmo quem proclamava as Escrituras e possibilitava à comunidade refazer os passos do povo de Deus – desde Moisés e os profetas –, tal como os dois discípulos o reconheceram: "Não estava ardendo o nosso coração quando ele nos falava pelo caminho e nos explicava as Escrituras?" (v. 32).

Para ser discípulo há que situar-nos como participantes do projeto de Deus. Este projeto começa na história do povo de Israel, é a primeira aliança. Jesus leva-a à plenitude, cumpre toda a justiça da lei e inicia um tempo novo de graça e de salvação plena. Na esteira de Moisés e dos profetas seguimos nós, agora precedidos por Jesus.

Quando Jesus senta-se à mesa e parte o pão para os dois caminheiros, "Neste momento, seus olhos se abriram, e eles o reconheceram" (v. 31). A comunidade do evangelista Lucas tem a convicção de que isto se passa igualmente com ela, que se alimenta e se fortalece do Ressuscitado junto de si.

A experiência de sentir o Senhor na própria vida e na da comunidade se extravasa, rompe o silêncio e nos faz confessar o seu amor misericordioso. Torna o discípulo corajoso para testemunhar o amor, com a doação da própria vida. Por isso, os dois discípulos retornam a Jerusalém, para junto da Igreja. Exemplarmente, Jerusalém será sempre o lugar do sacrifício, da entrega de Jesus. Na verdade, todo discípulo volta para o lugar onde é chamado a testemunhar a caridade com o dom de si, a oferta da própria vida, assim como o fez Jesus.

Imagem de Jesus

Por experiência, já nos encontramos em situações em que a imagem que fizemos de uma pessoa não corresponde ao que ela realmente é. Ao ver uma pessoa séria e carrancuda, logo imaginamos: ela é grosseira e brava; quando chegamos mais perto, ficamos desapontados com sua gentileza e atenção.

Com Jesus acontece algo parecido. Corremos o risco de fabricar um Jesus segundo nosso gosto e pronto para resolver nossos problemas imediatos. Tornar-se discípulo de Jesus implica estabelecer uma relação com o Senhor para conhecer o mistério de sua vida, de seu ensinamento e o destino que nos oferece, da maneira como ele se nos apresenta no Evangelho e como a Igreja o compreendeu em sua tradição. Não é possível compreendê-lo unicamente a partir da imagem que dele desenhamos interiormente.

Ainda hoje, a pessoa de Jesus fascina a cristãos e não cristãos por seus gestos de cura de doentes, milagres e por expulsar demônios. Nos meios de comunicação, é muito frequente comunidades cristãs apresentarem, com grande alarde, curas e libertações miraculosas pela força da invocação do nome de Jesus. Mas essa imagem de Jesus fazedor de milagres corresponde inteiramente ao que ele é e quis ensinar para a humanidade? Mesmo sem averiguar a veracidade de todos aqueles fatos, essa visão nos condiciona a ressaltar exageradamente as curas e milagres em detrimento do conjunto das palavras e obras do Senhor.

A missão de Jesus é vencer o domínio de Satanás e a incredulidade do povo (Lc 9,41) e estabelecer o reinado de seu Pai. Neste Reino não há lugar para a morte, o pecado, o mal, a fome ou a exclusão. O Mestre quer demonstrar que, com a sua presença, o Reino de Deus já está instaurado, por isso perdoou pecados, multiplicou pães, fez os surdos ouvirem, os cegos verem, os coxos andarem e os mudos falarem.

O Senhor não queria que o confundissem com o messias político ou o super-homem ou curandeiro, mas com o Messias servidor de todos. Após multiplicar os pães, o evangelista João registra que a multidão fica extasiada e não o deixa partir, e "quando Jesus percebeu que queriam levá-lo para proclamá-lo rei, novamente se retirou sozinho para a montanha" (Jo 6,15). E quando a mesma multidão corre incansavelmente ao seu encontro, Jesus diz: "em verdade, em verdade, vos digo: estais me procurando não porque vistes sinais, mas porque comestes pão e ficastes saciados" (6,26). A multidão não entende os sinais do Reino, apenas enxerga suas necessidades imediatas.

Nos tempos de Jesus, seus discípulos também compartilhavam da esperança da chegada iminente de um messias poderoso que tirasse Israel de sua condição de opressão e o exaltasse como modelo e dominador sobre os povos da terra. Qual não foi a decepção deles ao ver Jesus anunciar seu trágico fim; os evangelhos chegam a registrar três anúncios antecipatórios.[9] O messianismo de Jesus se liga ao do servo sofredor preconizado por Isaías,[10] conhecido como o homem do rosto desfigurado pelas dores. Decididamente, naquele tempo um messias fraco, servo e vítima assustava os discípulos; hoje, muito mais, pois existe a intensa procura de um messias unicamente vencedor e instaurador de vantagens para quem o seguir.

"O discípulo não está acima do mestre, nem o servo acima do seu senhor. Basta que o discípulo se torne como o mestre e o servo como o seu senhor" (Mt 10,24). O discípulo não pode esperar uma sorte diferente da de seu mestre. Mas enquanto o sofrimento do Mestre Jesus é o daquele a quem chegou o Reino, o sofrimento do discípulo é o da testemunha deste Reino.

As curas e milagres alinham-se com a maneira de ser e de atuar de Jesus, que defende a pessoa humana contra todo tipo de exclusão e de preconceito. Por isso, o seu seguimento nos coloca, hoje em dia, muito próximos da luta pela defesa dos direitos humanos contra todo tipo de discriminação injusta; de um modelo de sociedade igualitária, livre de toda exclusão que afasta os pobres do banquete da vida.

Esse modo de encarar a pessoa e a atuação político-social de Jesus não invalida as curas e os milagres, porém, de nossa parte implica seguir defendendo os valores que Jesus promoveu e ter atitudes o mais possivelmente coerentes com tais valores. Assim, nosso amor por Jesus vai além do sentimento de adoração, piedade e de confiança numa cura ou milagre de que precisemos muito, traduz-se na postura decidida em favor da verdade, da justiça e da solidariedade, sem conluios com a corrupção ou o benefício próprio em detrimento dos demais...

Seguimento e felicidade

A busca de uma realização humana mais plena põe a nu nossas incapacidades; somos rodeados de limites por todos os lados. Queremos ser felizes de fato! Por isso lutamos contra a doença, a falta de dinheiro,

---

[9] Lc 9,22.44; 18,31-33.

[10] Is 50,4-7; 52,13–53,12.

a depressão, a falta de amor... Precisamos de uma força maior que nos impulsione a superar nossa fraqueza. Procuramos Jesus para obter a paz e a felicidade. Diz a poetisa popular: "A gente quer ser feliz,/ isso é bom, isso é correto./ Pedir a ajuda de Deus,/ é importante, decerto,/ mas é preciso empenho,/ é necessário humildade,/ abertura, para aprender./ Pois ser feliz se aprende,/ como a ler e escrever./ Mas a escola é a vida,/ a tal arte de viver".[11]

Podemos nos perguntar: *a mensagem de Jesus traz felicidade? Vale a pena ser seu discípulo? Ou é apenas um conjunto de normas que me impedem de me realizar como pessoa?*

Outro grande obstáculo para o seguimento de Jesus é a cruz. A paixão de Jesus e o seguimento dos discípulos se implicam de forma bem direta. Existe uma consequência imediata e necessária do anúncio da paixão para o discipulado. Já que o Mestre deve ir a Jerusalém para sofrer, então aquele que quiser acompanhá-lo deve negar a si mesmo, tomar sua cruz e segui-lo (cf. Mt 16,24; 10,38-39).

O acontecimento de salvação: Jesus de Nazaré não elimina o mal do mundo, mas, nele, se abre o horizonte de superação do mal e do consequente sofrimento humano. Pois Jesus venceu o mal e a morte por seu sacrifício de amor levado às últimas consequências. Jesus é o caminho de plenitude do ser humano e, por ele, é possível nos realizarmos como pessoas.

À primeira vista, sofrer a paixão com o Senhor assusta e a cruz é o sinal mais eloquente desta derrota. Porém, ao nos aproximarmos dela percebemos um Deus solidário, que comunga de nossa fraqueza e impotência diante de toda sorte de sofrimento e de injustiça. Ele se fez fraco para assumir nossa fraqueza. Não é por acaso que o povo visita frequentemente os santuários dedicados ao Senhor Bom Jesus flagelado e sabe contemplar a Sexta-feira da Paixão, pois, diante dos sofrimentos de Jesus, o povo sente os próprios sofrimentos. "Com sua religiosidade característica (o povo) se agarra no imenso amor que Deus tem por eles e que lhes recorda permanentemente sua própria dignidade."[12]

---

[11]   Maria das Graças, Diocese de São Miguel Paulista, São Paulo, SP.

[12]   *Documento de Aparecida*, n. 265. Ainda: "Nossos povos se identificam particularmente com o Cristo sofredor, olham-no, beijam-no ou tocam seus pés machucados, como se dissessem: Este é 'o que me amou e se entregou por mim' (Gl 2,20). Muitos deles golpeados, ignorados, despojados, não abaixam os braços".

Na semana santa inúmeros fiéis acompanham a imagem do Senhor dos Passos. Outro grupo segue a imagem de Nossa Senhora das Dores. Os "passos" são paradas em que se comemoram momentos dramáticos do caminho que o Cristo foi obrigado a percorrer do tribunal de Pilatos ao Monte Calvário. O momento mais emocionante é o encontro das duas imagens. Fato curioso é que os fiéis se sentem mais atraídos pelas procissões de penitência, como as procissões dos Passos e do Senhor Morto, que pelas procissões triunfais, como a da ressurreição – que, em muitos lugares, se faz na madrugada de Páscoa – e a de *Corpus Christi*. O motivo deve ser porque o sofrimento ocupa na vida do povo um espaço muito maior do que o concedido à glória.

Um Senhor dos Passos, vergado ao peso da cruz, rosto ensanguentado, cabeça coroada de espinhos, é a imagem da multidão dos famintos, dos desempregados, dos favelados, dos sem-teto, sem-terra, que formam um cinturão de miséria e de sofrimento em muitas de nossas cidades. Esse Cristo humilhado, açoitado, coberto de escarros assumiu a vergonha dos encarcerados que não são sequer tratados como gente, dos marginalizados, dos chamados delinquentes, dos meninos de rua, das vítimas da prostituição, dos bêbados, dos drogados, dos assaltantes que a sociedade repudia.

E em Nossa Senhora das Dores, muita mulher encontra o retrato e a história da própria vida. Mães solteiras, mães viúvas, mães obrigadas a trabalhar, deixando os filhos presos em casa, mães de perseguidos pela polícia, mães de criminosos, mães de viciados em drogas e que estão cometendo crimes para sustentar o vício, mães de heróis e de mártires...

Aparentemente, a cruz se confunde com a passividade diante dos padecimentos impostos pela fragilidade da saúde, maldade ou limite das pessoas, ou mesmo pelas circunstâncias... Alguns chegam até a afirmar: é Deus que quer assim. O sofrimento não pode anestesiar a alma e levar o espírito a um estado de conformidade.

Ao contrário, a cruz esconde um segredo que Jesus nos revelou: "Antes da festa da Páscoa, sabendo Jesus que tinha chegado a sua hora, hora de passar deste mundo para o Pai, tendo amado os seus que estavam no mundo, amou-os até o fim" (Jo 13,1). Ela é consequência de seu embate com a sociedade, isto é, do seu amor levado ao último grau, no que diz respeito ao aperfeiçoamento da Lei, colocando-a a serviço do ser humano; à prática da defesa do pobre, do órfão e da viúva; e ao poder compreendido como serviço...

O seguimento de Jesus nos coloca diante das contínuas contradições ensinadas por ele que até hoje nos deixam perplexos: "felizes os pobres, os que choram, os pacíficos"; "quem quiser ganhar a sua vida vai perdê-la e quem quiser perdê-la vai ganhá-la"... *Somente diante do amor pleno que ele viveu até à cruz, livre de qualquer interesse, nós também poderemos encontrar nosso caminho de realização e de felicidade que já começa aqui e não conhecerá ocaso.*

Deus não fez ninguém para sofrer. Ele é a fonte da vida e seu Filho afirmou: "Vim para que tenham vida e vida em abundância" (Jo 10,10). Por isso enxergamos no Senhor dos Passos e na Senhora das Dores a luta e a esperança dos agricultores sem-terra. A luta de pais e mães que buscam a cura para o vício dos filhos que se entregaram às drogas, ou, quem sabe, o desespero de pais e mães que procuram tratamento para saúde de um filho doente; gente que sofre, que está carregando a cruz, homens e mulheres privados de quase tudo, menos de esperança e da vontade de vencer.

A força do nome de Jesus e o amor que ele primeiramente protagonizou ao levar a termo seu sacrifício na cruz nos envolvem em graça para percebermos o bem e a felicidade humana como resultantes do amor como última palavra que decifra o enigma humano.

A ciência da cruz é tomada como contrassenso, loucura ou escândalo. Porém, todo serviço desinteressado e oblativo não engana e permanece para sempre. Já a linguagem do sucesso a todo custo, do êxito da riqueza, do sexo sem medida, da felicidade pessoal à custa de olhar somente para si mesmo, é traiçoeira e aparente. A aparente fraqueza da cruz denuncia a mentira do mundo em suas expressões mais disfarçadas: a vaidade do poder tirânico, a força das estruturas contra o pobre indefeso, o sucesso pessoal para manipular as massas...

A sabedoria da cruz deve ser comprovada no cotidiano de nossa vivência de fé. O amor-doação resiste a todas as provas e é inigualável para transformar os corações, por isso ele nos julgará. Somente esse amor vivido em plenitude por Cristo é capaz de dar pleno sentido à nossa existência, trazer a paz ao nosso coração cansado e apresentar uma maneira de viver e de encarar a vida que nos traz a verdadeira felicidade, mesmo tendo a cruz erguida diante de nossos olhos.

Especialmente na educação do jovem e mesmo em qualquer outra situação, a linguagem do amor segue imbatível para eliminar preconceitos e resistências desnecessárias. Não é por menos que seremos julgados pela nossa capacidade de amar. No evangelho segundo Mateus 25,31-46, encontramos a cena do juízo final seguindo o critério do amor para separar as ovelhas dos cabritos, aqueles que praticaram o amor daqueles que semearam o mal. Quando o Filho do Homem vier glorioso, vamos dizer-lhe: "Senhor, quando foi que te vimos com fome e te demos de comer? Com sede, e te demos de beber?" (v. 37). E iremos ouvi-lo repetir: "Todas as vezes que fizestes isso a um destes mais pequenos, que são meus irmãos, foi a mim que o fizestes!" (v. 40).

O amor redimido pela cruz é o amor que vence as aparências e contraria, em nossos dias, a tendência de querer levar vantagem em tudo ou mesmo de superar o sentimento, muito comum, de que o importante é estar bem, sem se importar com o bem do outro. O juramento da aliança matrimonial é exemplar, pois o cônjuge promete amor e fidelidade: na alegria e na tristeza, na saúde e na doença, amando e respeitando sempre. Esta promessa supera de longe o amor-interesse ou "amor até que me convenha", pois inclui amar em situações de doença e de dificuldade.

A sabedoria da cruz estaria incompleta, se o amor não guiasse o ser humano para a plenitude de vida. Esta já começa aqui, pois o Reino já foi inaugurado por Jesus e a condição para pertencer a ele é a prática do amor. A ressurreição de Jesus é a garantia da vitória do amor sobre todo sofrimento, inclusive o mais cabal deles: a morte. A ressurreição nos conduz à plenitude de vida no Reino eterno e definitivo.

O horizonte da ressurreição, da vida plena prometida por Jesus (cf. Jo 10,10), resplandece ao longo de todo o caminho do seguimento, enchendo-o de esperança, otimismo e de resistência para suportar as contrariedades. No caminho que leva à cruz, a passagem da transfiguração no Monte Tabor[13] faz transparecer a glória de Jesus para confortar os discípulos que o seguem.

---

[13]   Mt 17,1-9; Mc 9,2-10; Lc 9,28-36.

32

2 Quem é Jesus

A pessoa de Jesus é irresistível. E quando, interiormente, sentimos que o Senhor nos fala, nos dirige o seu olhar, torna-nos impossível não sermos seu amigo e ter uma atitude de compromisso com ele. Queremos repetir com os apóstolos: "Vimos o Senhor!" (Jo 20,25).

Saber quem é Jesus é uma descoberta pessoal que empreendemos ao longo de nosso relacionamento com ele. Os evangelhos e a fé da Igreja o apresentam de maneira objetiva numa fé testemunhada pela Virgem Maria, pelos apóstolos, mártires e santos (canonizados ou não).

Mas, antes de qualquer iniciativa nossa, é o Espírito Santo quem prepara este encontro e o revela em nosso interior. Sua graça sempre nos antecede e impulsiona nosso coração para reconhecer Jesus Cristo como o caminho da verdade, da bondade e da suma beleza.

Quando, de fato, nossa consciência busca a verdade, imediatamente ela o reconhece, porque o mesmo Espírito Santo que gerou Jesus no seio da Virgem Maria também o engendra em nosso coração. Jesus nasce no coração de quem crê porque o Espírito Santo revela Cristo ao mundo.

Claro que os estudos nos ajudam neste processo, porque vamos apurando e confrontando a intimidade que temos com ele com as descobertas dos irmãos na fé e das ciências bíblicas. O diálogo sempre enriquece.

Vamos, então, perceber como o Senhor se revela ao nosso coração, que imagem formamos dele a partir dos sofrimentos e dos acontecimentos bons de nossa vida. Diz-nos o Papa Francisco: "Penso na fé firme das mães ao pé da cama do filho doente, que se agarram a um terço ainda que não saibam elencar os artigos do Credo; ou na carga imensa de esperança contida numa vela que se acende, numa casa humilde, para pedir ajuda a Maria, ou nos olhares de profundo amor a Cristo crucificado

33

[...] são a manifestação de uma vida teologal animada pela ação do Espírito Santo, que foi derramado em nossos corações (cf. Rm 5,5)".[1]

Não podemos menosprezar nossa experiência primeira que nasce no confronto de nossa fé com a dureza dos limites da vida, nem mesmo considerá-la como modo secundário da vida cristã, porque seria esquecer o primado da ação do Espírito e a iniciativa gratuita do amor de Deus.[2] Partamos deste sentimento de fé, de piedade e de devoção já latente em todos nós que cremos para conhecermos mais de perto a pessoa do Senhor.

Nossa experiência de fé normalmente cruza os acontecimentos de nossa vida com o contato vivo com o Senhor na oração pessoal ou na celebração litúrgica da comunidade. As duas formas de oração são importantes e em ambas o Senhor nos mostra o seu rosto, fala-nos pessoalmente, mas para isto acontecer há que ouvir com atenção a sua Palavra na Sagrada Escritura e agir com retidão, procurando o bem, sem prejudicar os outros.

É justamente a partir da fé vivenciada na Igreja, pelos atos que lhe são constitutivos, tais como *o anúncio, a liturgia e a caridade*, que é possível experimentar a salvação do Cristo na história. Assim se cumpre a promessa de Jesus: "Mas o Defensor, o Espírito Santo que o Pai enviará em meu nome, ele vos ensinará tudo e vos recordará tudo o que eu vos tenho dito" (Jo 14,26).

Não esqueçamos: para permanecermos juntos de Jesus e descobrirmos quem ele é, a caridade desinteressada é um caminho que não falha nunca; pois foi ele mesmo que assegurou: "todas as vezes que fizestes isso a um destes mais pequenos, que são meus irmãos, foi a mim que o fizestes!" (Mt 25,40b).

Nossa união com o Senhor é o centro gerador da vida de fé, de esperança e de amor que fortalece todo o nosso ser. Neste contato vivo, mostramos nosso rosto sem máscaras e recebemos a inspiração do Espírito Santo para seguir adiante, para dar mais um passo firme, sempre com a convicção de que não estamos sós, mas acompanhados do Senhor que nos anima a fazer a vontade do Pai.

---

[1] Exortação Apostólica *Evangelii Gaudium*. São Paulo: Paulinas, 2013. n. 125; cf. *Documento de Aparecida*, n. 261.

[2] Cf. *Documento de Aparecida*, n. 263.

As páginas deste livro só terão sentido se forem lidas em união com o Senhor e na força do seu Espírito.

Humanidade e divindade de Jesus

Hoje, podemos partir da fé em Jesus Cristo Ressuscitado, de sua divindade gloriosa que se assenta à direita do trono de Deus Pai, para entender sua passagem pela terra. Naturalmente, nós lemos os acontecimentos do Evangelho já crendo em sua natureza divina.

Já os discípulos e apóstolos fizeram um caminho inverso ao nosso. Tiveram o duro trabalho de perceber naquele homem a sua divindade escondida. Não é por menos que seus conterrâneos de Nazaré, ao vê-lo ensinar na sinagoga, "ficaram admirados. Diziam: 'De onde lhe vêm esta sabedoria e esses milagres? Não é ele o filho do carpinteiro? Sua mãe não se chama Maria'. E mostravam-se chocados com ele" (Mt 13,54-55a.57). Ficavam sem saber... Pois como compreender a divindade de alguém que se conhece a origem, a mãe e os parentes?

"[O Filho de Deus] trabalhou com mãos humanas, pensou com inteligência humana, agiu com vontade humana, amou com coração humano. Nascido da Virgem Maria, tornou-se verdadeiramente um de nós, semelhante a nós em tudo, exceto no pecado."[3] Por isso, experimentou como nós as emoções que sentimos: a alegria ao receber e abraçar as crianças e ao notar a fé do centurião; a tristeza pela ingratidão das pessoas no episódio dos dez leprosos, e ao chorar sobre Jerusalém; a comoção pela morte de Lázaro; a irritação diante do coração duro dos fariseus (cf. Mt 8,8; Lc 17,11-19; 19,41-44; 18,16; Jo 11,33). Homem como nós, sentiu fome, sede, frio e cansaço; e até mesmo medo diante da morte, como qualquer um de nós. Mas superou esse medo ao aceitar a vontade do Pai (cf. Mc 14,36).

Por sua encarnação, Jesus pertence à família humana, se solidariza com os humanos e partilha a fragilidade em nossa carne de pecado. Como Filho de Deus, sua encarnação significou a divinização do ser humano e se tornou o centro da humanidade nas relações com Deus.

---

[3] Concílio Vaticano II, Constituição pastoral *Gaudium et Spes*, n. 22,2.

Vamos refazer o caminho dos discípulos no Evangelho que, ao conviverem com aquele homem poderoso pelas palavras que proferia e pelos sinais que realizava, tiveram grande dificuldade de entendê-lo. Consideremos a humanidade do Senhor que sofreu perseguição, confrontos e privações. Ao lado daqueles grandes sinais que enchiam as vistas dos discípulos, Jesus se comparava ao Servo Sofredor, suscitava perseguição e já previa sua crucifixão.

Os discípulos de Jesus, partindo da ressurreição e olhando, de forma retroativa, para aquilo que ele fez e pregou, compreenderam melhor o mistério de sua pessoa. Para ajudá-los a superar o espanto e a incredulidade, o Ressuscitado mostrou-lhes as mãos e os pés, dizendo: "Sou eu!", e mandou apalpar seu corpo, dizendo: "Espírito não tem carne nem osso como vocês estão vendo que eu tenho!". Jesus mostrou as mãos e os pés porque é neles que estão as marcas dos pregos (cf. Lc 24,39). O Cristo Ressuscitado é Jesus de Nazaré, o mesmo que foi morto na cruz, e não um Cristo fantasma como imaginavam os discípulos ao vê-lo. Ele mandou apalpar o corpo, porque a ressurreição é ressurreição da pessoa toda, corpo e alma.

Jesus nasceu sob o poderio romano. Nas últimas décadas do século I a.C. começou a formação do Império Romano, surgindo colônias e províncias em lugares distantes de Roma, porém, subjugadas a seu poder. Jesus nasceu num país dominado pelo poder romano que fazia parte deste Império.

Se Jesus vivenciou inteiramente a nossa humanidade, será igualmente superando os limites, desafios e possibilidades de nosso corpo que chegaremos à plenitude de nosso ser, assim como a sua ressurreição nos garante. Mesmo tentados a buscar um Messias super-homem que resolva todos os problemas, graças a Tomé, sabemos que as chagas, eternamente, estão impressas no corpo ressuscitado de Jesus.

Para situar melhor Jesus em sua época, vamos conhecer o mundo em que se movia, a geografia do país em que vivia e as cidades que percorria fazendo milagres e pregando a Boa-Nova. E também notaremos o desenvolvimento de sua humanidade, como ele foi descobrindo a missão que o Pai lhe reservara e como se apresentou para os seus contemporâneos.

A Palestina no tempo de Jesus

Nesta seção, estão concentradas muitas datas, muitos nomes de pessoas e de lugares em que se deram os acontecimentos do Evangelho, com o objetivo de oferecer uma *visão de conjunto da geografia* em que Jesus se moveu, como também da *divisão política* do seu tempo. Se o leitor não estiver habituado com todas estas referências, terá oportunidade de conferir este mapa e as citações à medida que sentir necessidade de situar os acontecimentos ao longo dos capítulos.

São apresentadas as localidades da Palestina após a morte de Herodes Magno (37- 4 a.C.), cujo reino foi dividido entre seus três filhos. Arquelau (4 a.C. - 6 d.C.) recebeu a Judeia, a Samaria e a Idumeia; a Herodes Antipas (4 a.C. - 39 d.C.) foram entregues a Galileia e a Pereia; e a Filipe (4 a.C. - 34 d.C.) couberam as regiões situadas a nordeste. Nenhum deles deveria mais usar o título de rei.

Em 6 d.C., Arquelau foi deposto do seu cargo pelo imperador Augusto. A Judeia (onde está situada Jerusalém) e a Samaria tornaram-se províncias romanas governadas por procuradores romanos que se sucediam no cargo.[4]

Galileia ao norte, governada por Herodes Antipas, é a província onde se situa *Nazaré*, lugar onde Maria recebeu o anúncio do Anjo e Je-

---

[4] Cf. ZWICKEL, Wolfgang. *Atlas bíblico*. São Paulo: Paulinas, 2010. p. 34 e 36.

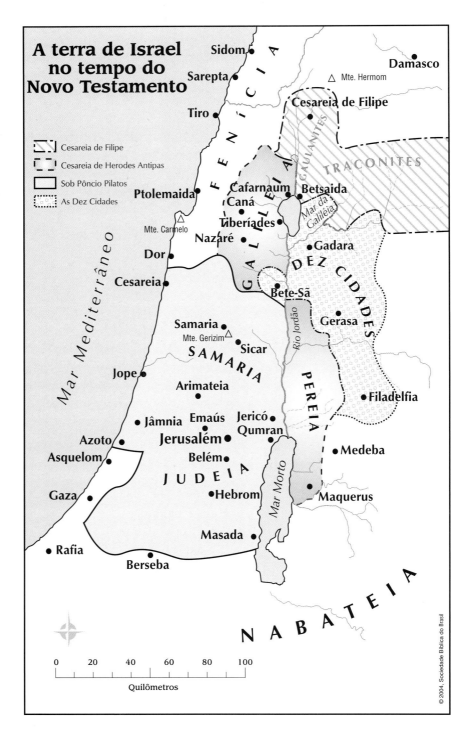

sus viveu a sua infância e juventude até os trinta anos e aprendeu o ofício de carpinteiro com José.

Jesus foi batizado por João no rio Jordão, que limita a Galileia no lado oriental. Após João Batista ter sido preso e decapitado por Herodes Antipas, Jesus inicia seu ministério nas cidades de:

- *Caná*, lugar do seu primeiro milagre, em que mudou a água em vinho;

- *Naim*, onde ressuscitou o filho da viúva desta cidade;

- *Cafarnaum*, cidade onde Jesus curou a sogra de Pedro e foi à sinagoga e explicou a passagem de Isaías.

Às margens do lago de *Genesaré*, Jesus pronunciou as bem-aventuranças, deu-se o chamamento dos apóstolos, aconteceram os episódios da tempestade acalmada e da pesca milagrosa, e o milagre dos pães... No monte *Tabor*, Jesus se transfigurou diante dos três apóstolos. *No primeiro momento, a missão de Jesus acontece através das suas palavras e obras ligadas ao seu ministério na Galileia, que denunciam quem ele é, isto é, revelam a sua identidade.*

Da Galileia, Jesus com seus discípulos seguiram para o sul em direção a *Jerusalém*, capital da *Judeia*, governada pelo procurador romano Pôncio Pilatos de 26 a 36 d.C. Ao redor dessa capital, encontram-se as cidades de:

- *Belém*, lugar do seu nascimento;

- *Betânia*, onde moravam Marta, Maria e Lázaro;

- *Jericó*, em que se dá a cura do cego e onde se encontra o monte no qual Jesus foi tentado – cidade próxima do cenário da parábola do bom samaritano.

Apesar da administração uniforme, o reino sob o aspecto religioso dividia-se em duas regiões distintas. Na região montanhosa setentrional, viviam os samaritanos, separados do Templo de Jerusalém desde o final do século II/início do século I, tendo erguido seu próprio Templo no *Monte Garizim*. Na *região da Samaria*, situa-se a cidade de *Sicar*, na qual Jesus se encontra com uma mulher samaritana.

A infância de Jesus

Os acontecimentos que envolvem a concepção e o nascimento de Jesus nos são relatados por Lucas 1,5-2 e por Mateus 1–2; são os chamados evangelhos da infância. Mateus fala para judeus convertidos e quer mostrar "a origem de Jesus, o Messias: filho de Abraão e filho de Davi, e, pelo nascimento de Maria Virgem, filho de Deus. Em sua fuga ao Egito e volta de lá, Jesus representa o povo de Israel".[5] Lucas se dirige aos gregos e conta a história do nascimento de Jesus como cumprimento do tempo e chegada da salvação.

A atuação de Maria, em Nazaré da Galileia, é fundamental para entendermos a pessoa de Jesus. É a "serva do Senhor", como disse de si mesma ao ouvir o anúncio do anjo de que seria a mãe de Jesus. "Alegra-te cheia de graça" (Lc 1,28). "Eis que conceberás e darás à luz um filho…" (Lc 1,31).

Maria, prometida em casamento a José, acolhe o anúncio do Anjo Gabriel, que a convida, por parte de Deus, para ser a mãe do Salvador. Receosa de acolher essa grande missão, ela lhe pergunta: "Como vai ser isso, se eu não conheço homem algum?" (Lc 1,34). O Anjo a acalma: "O Espírito Santo virá sobre ti, e o poder do Altíssimo vai te cobrir com a sua sombra; por isso o santo que nascer será chamado Filho de Deus" (v. 35). Dessa forma, Jesus nasce sem intervenção de nenhum homem. O Espírito Santo gera Jesus em Maria, por isso ele tem duas naturezas: a humana e a divina. É plenamente homem e Deus.

A concepção virginal, por obra do Espírito Santo, nos mostra duas verdades. "Primeiramente, Maria é verdadeira mãe, pois contribuiu na formação da natureza humana de Cristo como se diz de qualquer mãe […]. Logo, há que dizer que Maria é Mãe do Cristo inteiro: do seu corpo, da sua alma e da sua divindade encarnada. Segundo, Maria é verdadeira Mãe de Deus. Ela concebeu a segunda Pessoa da Santíssima Trindade, quando a natureza humana foi assumida pela natureza divina, no instante da concepção, pela Pessoa do Verbo de Deus."[6]

---

[5] BÍBLIA SAGRADA. *Evangelho segundo Mateus*. Tradução CNBB. 7. ed. Brasília/São Paulo: Edições CNBB/Canção Nova, 2008. p. 1200.

[6] HOMEM, Edson de Castro. *Maria da nossa fé*. São Paulo: Paulinas, 2007. p. 50-51. "O Espírito Santo *preparou* Maria com sua graça. Convinha que fosse 'cheia de graça' a mãe daquele em quem 'habita corporalmente a Plenitude da Divindade'

O cargo de imperador era vitalício e este era visto como ser divino. Muitas vezes, o imperador chegava ao poder através de um golpe violento.[7] Quando Jesus nasceu, César Augusto era imperador romano (cf. Lc 2,1), e ele governou de 30 a.C. a 14 d.C. Seu sucessor, Tibério César, governou de 14 d.C. a 37 d.C., quando Jesus começou seu ministério por volta dos trinta anos de idade (cf. Lc 3,1.23) e quando foi condenado.

Como Maria, na alegria da gestação do Menino Jesus, podia conviver com o silêncio, uma vez que nada dissera a José? Que perplexidade e indagações invadiram sua alma diante dessa circunstância? Teria tido conhecimento do sofrimento de José que, "sendo justo e não querendo denunciá-la publicamente, resolveu repudiá-la em segredo?" (Mt 1,19). Também para Maria, a fé não foi luz imediata para todos os acontecimen-

---

(Cl 2,9). Por pura graça, ela foi concebida sem pecado como a mais humilde das criaturas, a mais capaz de acolher o Dom inefável do Todo-Poderoso" (*Catecismo da Igreja Católica*, n. 722).

"Em Maria, o Espírito Santo *realiza* o desígnio benevolente do Pai. É pelo Espírito Santo que a Virgem concebe e dá à luz o Filho de Deus. Sua virgindade transforma-se em fecundidade única pelo poder do Espírito e da fé" (id., n. 723).

[7] Cf. GRENZER, Matthias; SOUSA, Fabiana. *O mundo de Paulo*. São Paulo: Paulinas, 2008. p. 44-45.

tos. Ela precisou esperar a hora de Deus para si e para José. Contudo, viveu o momento presente na fidelidade ao Deus da Promessa.

Presenciamos o mistério do Emanuel, que quer dizer: o Deus-conosco, o Deus que se tornou nosso irmão, o Deus que não ficou na casca da humanidade, mas mergulhou em nossa realidade com as suas fragilidades, exceto o pecado. Sim, o Deus Transcendente se apequenou, rebaixou-se. E tudo isso aconteceu porque Deus, movido por imenso amor, quis sorrir-nos no rosto de uma criança e entrar em estreita comunhão conosco. Deus outrora nos tinha falado por intermédio dos Profetas; agora, em Belém, falou-nos através de seu Filho Jesus; em nosso favor, foi armada uma ponte direta entre Deus e a humanidade: o Verbo Eterno, a Palavra Eterna se fez carne no meio de nós e iniciou a difusão de mensagens de vida.

Certamente, a profecia de Simeão causara perplexidade em Maria, apreensão e talvez mágoa: "Eis que este menino foi colocado para a queda e para o soerguimento de muitos em Israel, e como um sinal de contradição, e a ti uma espada traspassará tua alma" (Lc 2,34-35). Em momento de dupla alegria, pelo nascimento e pela apresentação do Menino no Templo, ela ouve a profecia tão sombria que contrastava com o feliz anúncio do anjo: "Ele será grande, será chamado Filho do Altíssimo, e o Senhor Deus lhe dará o trono de Davi, seu pai; ele reinará na casa de Jacó para sempre, e o seu reinado não terá fim" (Lc 1,32-33).

Seguramente, Jesus frequentou a escola sinagogal de Nazaré e recebeu as primeiras instruções religiosas de sua mãe e de José. A formação alcançava o seu ponto alto no *bar mitzwah* ("filho do preceito"), pelo qual o adolescente, aos doze anos, demonstrava saber ler a Torá e dizer o significado do trecho lido. "A primeira obrigação do adolescente, por ocasião da sua primeira ejaculação (capacidade de procriar), era cumprir o mandamento da peregrinação a Jerusalém por ocasião de uma das três festas" (Páscoa, Pentecostes, Tendas, cf. Ex 23,14-17; 34,18-23; Dt 16,1-17). Tornando-se *filho do preceito*, o jovem tornava-se "maior de idade", responsável por seus atos, e devia cumprir toda a Lei de Moisés".[8] Não há por que duvidar que Jesus tenha passado pelo *bar mitzvah*, pois era uma praxe familiar, social e religiosa com base na Torá (cf. Dt 6,6-7).

---

[8] FERNANDES, Leonardo Agostini. A dinâmica do discipulado, p. 82, nota 34.

No tempo de Jesus, até os cinco anos, a formação religiosa rudimentar era função materna. Dos seis aos doze, o menino era confiado aos cuidados do pai. Era papel do pai inserir o filho na sinagoga, local onde a comunidade judaica se reúne para o culto.
As escolas encontravam-se normalmente em dependências que se localizavam junto à sala de reunião da sinagoga. Em comunidades mais pobres, ao contrário, o ensino escolar realizava-se na própria sala de reunião. A maioria delas equivaleria a nossas escolas básicas, nas quais os alunos, ao redor de um mestre, aprendiam rudimentos de leitura, escrita, aritmética e recebiam a instrução sobre a Torá,[9] as prescrições orais e o que diziam os sábios de Israel.[10]

Jesus levou a sério a sua formação familiar e sinagogal, pois demonstrou ter um grande conhecimento das Escrituras no momento de realizar o seu *bar mitzvah*. Quando completou doze anos, decidiu permanecer em Jerusalém por três dias, sem comunicar nada a Maria e a José. Após muita procura, foi encontrado no Templo, sentado, ouvindo e interrogando os doutores (cf. Lc 2,41-46). Ele entreteve a atenção dos que estavam encarregados de realizar a avaliação dos meninos antes que fossem declarados responsáveis por seus atos perante a Lei de Moisés e a sociedade (cf. Lc 2,41-46; Jo 7,14-15).

Maria fica surpresa e pede explicação: "Meu filho, por que agiste assim conosco? Olha que teu pai e eu, aflitos, te procurávamos" (Lc 2,48). A resposta provavelmente a deixou perplexa: "Por que me procuráveis?

---

[9] A *Lei* é, em primeiro lugar, a *Torá*, fixada por escrito nos cinco livros: Gênesis, Êxodo, Levítico, Números e Deuteronômio. Ao termo hebraico *Torá* – que significa, literalmente, *ensino* ou *instrução* –, são equivalentes as expressões *Pentateuco* – palavra grega que indica os *cinco rolos/livros* da Torá – e *Lei* (do Sinai) ou *Torá/Lei* de Moisés.

[10] Cf. BRAVO, Arturo. *O estilo pedagógico do Mestre Jesus*. São Paulo: Paulinas/Paulus, 2007. p. 21-22; FERNANDES, Leonardo Agostini. A dinâmica do discipulado. In: FERNANDES, Leonardo Agostini; GRENZER, Matthias. *Evangelho segundo Marcos*: eleição, partilha e amor. São Paulo: Paulinas, 2012. p. 81, nota 33.

Não sabíeis que devo estar na casa de meu Pai?" (Lc 2,49). Lucas é o único a relatar que Jesus chamou a Deus de Pai na presença de José (cf. Lc 2,48-50).

Depois do episódio no Templo, Maria e José retornam para casa. Jesus lhes era submisso (Lc 2,51), sinal precursor da sua total obediência a Deus.

Por ser humano, Jesus crescia em idade, sabedoria e graça (cf. Lc 2,52). Durante trinta anos, Jesus viveu solteiro junto com seus pais; era conhecido, em Nazaré, por uma profissão que o ligava a José, esposo de Maria (cf. Mt 1,18-25; Lc 2,4-5): "Não é este o filho do carpinteiro?" (Mt 13,55); "Não é este o carpinteiro" (Mc 6,3). "E diziam: 'Não é o filho de José'" (Lc 4,22c).

À medida que crescia, por meio do diálogo cordial que mantinha com o Pai, aprendeu a conhecer sua vontade e sua missão entre os seus e até mesmo o mistério que o envolvia: ser homem e Deus ao mesmo tempo. Sua mãe lhe falara do parto virginal e dos acontecimentos de sua infância, colocando-o em alerta para perceber o momento em que Deus o chamaria para atuar.

"O episódio do *bar mitzvah*, portanto, serve para criar um elo entre a infância e a vida adulta de Jesus no que diz respeito ao modo como se comportava perante a Lei de Moisés, a sociedade e as regras familiares. O conhecimento profundo das Escrituras está na base da sua vocação e missão messiânicas, porque Jesus é, ele mesmo, a Torá vivente de Deus.

Do momento do *bar mitzvah* até o início do ministério público, transcorreram cerca de dezoito anos, nos quais Jesus teve a experiência da convivência familiar em um vilarejo considerado insignificante (cf. Jo 1,45-50)."[11]

Início do ministério na Galileia

Sob o domínio do imperador romano Tibério César, sendo Pôncio Pilatos governador da Judeia e Herodes, tetrarca da Galileia, todo o Israel vivia uma forte expectativa da chegada do messias libertador. João Batista também vivia essa esperança e, com suas pregações, ajudava o povo

---

[11] Ibid., p. 82.

a não desanimar, pois a salvação estava próxima. João tinha uma grande autoridade, porque era reconhecido pelo povo como um verdadeiro profeta: vivia no deserto, alimentava-se de gafanhotos e mel silvestre e vestia pele de camelo com um cinturão.

No tempo de Jesus, "nas escolas ensinava-se aos alunos como ler a Torá e os Profetas, traduzi-los do hebraico para o aramaico, recitar a oração principal chamada *shemá*, outras orações e bênçãos, assim como a Lei oral ou *Mishná*. Os estudantes eram educados para desempenhar adequadamente seu papel tanto na vida da família como na da comunidade".[12]

Sua missão era preparar a vinda do Messias: homem pleno do Espírito Santo, enviado por Deus para salvar a humanidade. Reconhece João: "Aquele que vem depois de mim é mais forte do que eu. Não sou digno nem ao menos de tirar-lhe as sandálias" (Mt 3,11). "João vem como testemunha, para dar testemunho da Luz" (Jo 1,7).

Conforme o costume, Jesus ia à sinagoga e lá também lia e explicava as Escrituras e todos o elogiavam (cf. Lc 4,15-19). Ele era conhecedor das Escrituras e, mesmo sem frequentar alguma escola especializada da época, conhecia e compartilhava da esperança de libertação do seu povo. "Jesus subiu ao Templo e começou a ensinar. Os judeus comenta-

---

[12] BRAVO, Arturo. *O estilo pedagógico do Mestre Jesus*. São Paulo: Paulinas/Paulus, 2007. p. 26.

vam admirados: 'Como ele é tão letrado, sem nunca ter recebido instrução?'" (Jo 7,14b-15).

Quando chegou o momento, Jesus deixou Nazaré, na Galileia, e foi encontrar-se com João. A fama e atuação de João Batista junto ao rio Jordão sinalizaram-lhe o primeiro passo para sair do anonimato. Jesus se aproxima desse autêntico profeta, deixa-se batizar por ele. Importa ressaltar que João nota algo peculiar neste Batismo: logo que Jesus sai da água, o céu se rasga, o Espírito, como pomba, desce sobre ele e ouve-se a voz: "Tu és o meu filho amado; em ti está o meu agrado".[13] A Trindade se manifesta e, conforme a profecia de Isaías 42,1, a voz já anuncia a missão de Jesus como Servo sofredor. Prosseguindo com a profecia de Isaías, João o aponta como o Cordeiro de Deus que tira o pecado do mundo: "Oprimido, ele se rebaixou, nem abriu a boca! Como cordeiro levado ao matadouro ou ovelha diante do tosquiador, ele ficou calado, sem abrir a boca" (53,7).

Jesus então se coloca como um pregador itinerante, cuja mensagem é semelhante à de João, que pregava um Batismo de conversão dos pecados. Naturalmente, nesta condição fora convencido por João de que sua vocação era de profeta. A preocupação básica do profeta era reformar o povo chamando-o à conversão.

Os evangelistas registram um primeiro período de atuação de Jesus em sua terra: "Depois que João foi preso, Jesus veio para a Galileia" (Mc 1,14), pois, ao sair João de circulação, tornou-se obrigatório manter a missão de João Batista na Galileia, por isso Jesus se dirige para lá.

Mas "em algum momento deu-se uma segunda conversão, pois o modelo de atividade de Jesus mudou. Deixou de batizar, e a sua mensagem não era mais 'arrependei-vos', mas 'segue-me'. A aceitação do seu ensinamento sobre o Reino de Deus substituiu a obediência à lei como pedra de toque da salvação".[14]

Quando João Batista está preso, ouve falar das obras de Jesus e envia seus discípulos para perguntar quem é ele, pois sua fama chegara até a prisão. Jesus lhe responde: "Ide contar a João o que estais ouvindo e vendo: cegos recuperam a vista, paralíticos andam, leprosos são

---

[13] Mt 3,13-17; Mc 1,9-11; Lc 3,21-22; Jo 1,29-34.

[14] MURPHY-O'CONNOR, Jerome. *Jesus e Paulo: vidas paralelas*. São Paulo: Paulinas, 2008. p. 64. Seguimos este autor neste subtítulo.

curados, surdos ouvem, mortos ressuscitam e aos pobres se anuncia a Boa-Nova" (Mt 11,2-6; Lc 7,18-23). Este é o testemunho-chave da autoconsciência messiânica de Jesus; suas palavras e ações constituíam a realização das bênçãos preditas por Isaías.

Mesmo depois da morte de João Batista, Jesus ainda é confundido com ele por conta da fama de seus milagres, por essa razão Herodes é capaz de concluir sobre Jesus: "É João Batista! Ele ressuscitou dos mortos; por isso, as forças milagrosas atuam nele" (Mt 14,2). Igualmente as multidões, vendo tudo o que Jesus ensina e realiza, se interrogam a respeito dele, mas não conseguem ir além do reconhecimento de que ele age como um profeta (cf. Mc 1,14–8,26). No entanto, Jesus é mais do que profeta, pois nenhum deles tinha pretendido manifestar os sinais comprovadores da chegada do Reino.

Intimamente ligada a isso está uma mudança radical na atitude de Jesus em face da lei. Todos os profetas julgavam a si mesmos como servos da lei, cujos preceitos interpretavam de maneira estrita e executavam o mais perfeitamente possível. Jesus, ao contrário, colocava-se acima da lei. Recusou submeter-se aos requisitos da lei.

"Manifestamente, Jesus percorreu um longo caminho desde que chegou à Galileia, onde foi primeiramente entendido como uma cópia de João Batista (Mc 6,16)."[15] É interessante perceber como Jesus repensa sua missão e vai ampliando sua autoconsciência de Filho de Deus. Jesus pensou sobre si mesmo de um modo completamente diferente, não mais como discípulo de João Batista, mas como seu superior.

Jesus tem autoridade

A pessoa de Jesus era digna de crédito diante do povo e a sua pregação tinha força convincente, principalmente porque realizava aquilo que prometia. "Todos ficaram admirados e perguntavam uns aos outros: 'Que é isto? Um ensinamento novo, e com autoridade: ele dá ordens até aos espíritos impuros, e eles lhe obedecem!' E sua fama se espalhou rapidamente por toda a região da Galileia" (Mc 1,27-28). Sua pregação não estabelecia distância entre o que dizia e o que fazia. Sua palavra de

---

[15] Ibid., p. 79.

autoridade é viva e eficaz e demonstra o peso de uma ação profética. Daí o fato de o povo reconhecer sua autoridade e lhe manifestar respeito e admiração.

"Os milagres que Jesus opera e a sua palavra de autoridade revelam a força da sua atuação salvadora. Por causa dessa autoridade, apresentam-se os seus opositores: (a) os demônios (cf. Mc 1,24.34; 5,7); (b) os fariseus, que tramam contra a sua vida (cf. Mc 3,6); (c) os apóstolos, que, não compreendendo, ficam perplexos diante das palavras e das obras de Jesus (cf. Mc 4,13; 6,52; 7,18; 8,17-21; 9,31-33)."[16] A autoridade de Jesus se dá pelo fato de ele não mentir e tampouco querer fazer do anúncio do Reino uma plataforma para adquirir prestígio pessoal e sucesso.

É tão notório ver pessoas públicas se aproveitarem da miséria do povo e de situações sociais caóticas para, em períodos eleitorais, demonstrar apoio e solidariedade, e depois virarem as costas e deixarem tudo no esquecimento. Também entre nós acontece algo bem parecido. Somos rápidos e prontos a prometer, porém, para cumprir, somos lentos e normalmente deixamos coisas por fazer. Diz o provérbio italiano: "Tra il dire e il fare c'è di mezzo il mare" [Entre o dizer e o fazer há no meio o mar].

Jesus é o contrário disso. Se quisermos nos aproximar dele, vamos cuidar de igualmente legitimar o que falamos e jamais deixarmos nossas palavras soltas no ar, sem levá-las a efeito. Diante do Senhor, nossas palavras nascerão do discernimento dos fatos à luz do que nossa consciência, retamente orientada, deliberou como honesto e justo.

Assim, não falamos qualquer coisa sobre tudo, mas analisamos os fatos e nossa atitude buscará ser a mais solidária possível, sempre com aquele pensamento: o que Jesus faria se estivesse em meu lugar. Sempre a meta consistirá em encurtar a distância entre a força de nossa palavra e o trabalho de levar a efeito a decisão tomada. Vamos falar bem assim: "dito e feito".

---

[16] FERNANDES, Leonardo Agostini. Introdução ao Evangelho segundo Marcos. In: FERNANDES, Leonardo Agostini; GRENZER, Matthias. *Evangelho segundo Marcos*: eleição, partilha e amor. São Paulo: Paulinas, 2012. p. 31.

"Mas quem é Jesus? Ele viveu em Israel, no início do século I. Agiu como profeta, ensinou a Palavra de Deus e ajudou pessoas doentes e carentes. Por isso, consideravam-no 'ungido' por Deus, semelhante a um rei. Outros descobriram nele o Filho de Deus, enviado para libertar o povo oprimido. No final, Jesus morreu na cruz. O justo foi injustiçado."[17]

Jesus revela o segredo de sua Pessoa

Marcos tem interesse de evidenciar o mistério de Jesus: revelando-o não somente como *Cristo*, mas também como verdadeiro *Filho de Deus* (cf. Mc 1,1). O caminho para alcançar esta meta é fatigoso e difícil, em meio a intrigas, incompreensões e ameaças de morte.[18]

Apesar de Jesus realizar vários milagres, ele busca ocultar e preservar o seu messianismo do perigo de não ser bem entendido pelo povo e até pelos próprios discípulos. Esse "ocultamento" é chamado *segredo messiânico*: "expulsou também muitos demônios, e não lhes permitia falar, porque sabiam quem ele era (1,33)" (cf. Mc 3,12; 5,43; 7,36; 8,26). O segredo messiânico perpassa todo o Evangelho, dando a entender que para reconhecer e acolher Jesus como messias faz-se necessário acolher, integralmente, a vontade de Deus, liberando-se do equívoco de ver o messias como alguém intocável pelos homens. Os compatriotas de Jesus esperavam um messias nos moldes do rei Davi, líder bélico, revestido de grandeza e majestade, e não como Jesus o viveu, pelo serviço e doação.

---

[17] GRENZER, Matthias; SOUSA, Fabiana. *O mundo de Paulo*, p. 16.
[18] Este subtítulo é uma transcrição livre de: FERNANDES, Leonardo Agostini. Introdução ao Evangelho segundo Marcos, p. 27-32.

Nas tentações enfrentadas por Jesus, segundo as narrativas de Mateus e Lucas, ficou marcada a rejeição de um messianismo meramente terreno. Ele escolheu a via do serviço como caminho para realizar a vontade do Pai. Jesus não é o messias da "vida fácil" (mudar pedras em pães), do "sucesso" (pular do pináculo) e do "poder" (posse dos reinos), mas sim aquele em que o Servo se entrega livremente como vítima pelos pecadores (cf. Is 52,13–53,12).

Jesus demonstrou que não veio ser o messias guerreiro e líder político. Ele assumiu e se apresentou como servo sofredor, como o messias segundo o desígnio do Pai.[19] Ele veio para realizar a vontade do Pai, e não o querer dos homens, permeado de grandezas e glórias humanas.

Por isso, o segredo messiânico transparece no evangelho segundo Marcos como uma tentativa de salvaguardar o ministério público de Jesus, para que não fosse ameaçado pelas falsas pretensões em torno de um messias preocupado, apenas, em salvar o povo eleito no que dizia respeito às questões materiais. Jesus é o messias que veio realizar a verdadeira libertação da opressão causada pelos grilhões do pecado e das injustiças, restaurando a integridade original do ser humano.

Jesus foi admirado pelos seus compatriotas, mas não foi compreendido e, por conseguinte, foi rejeitado por se definir como o *Filho do Homem Sofredor*. Percebe-se que as multidões (cf. Mc 1,14–3,12; 6,1-6), os familiares (cf. Mc 3,20-21) e os seus discípulos (cf. Mc 8,31-38) também não conseguiram penetrar no íntimo e na lógica do messianismo vivido por Jesus. "Jesus voltou para casa, e outra vez se ajuntou tanta gente que eles nem mesmo podiam se alimentar. Quando seus familiares souberam disso, vieram para detê-lo, pois diziam: 'Está ficando louco'" (Mc 3,20-21).

A identidade de Jesus é um mistério, é uma revelação que pertence exclusivamente ao Pai. O Pai tem a primazia, pois é ele quem fala do Filho no Batismo (cf. Mc 1,10-11) e na transfiguração (cf. Mc 9,7), está presente na fala do Filho diante do Sumo Sacerdote (cf. Mc 14,60-62); e quando envia um *jovem* para que anuncie a ressurreição às mulheres, dando-lhes as devidas instruções (cf. Mc 16,5).

---

[19] Esta perspectiva está acentuada nos textos litúrgicos da Quaresma, quando são lidos os *cantos do servo sofredor de Isaías* (Domingo de Ramos: Is 50,4-7; Paixão do Senhor: Is 52,13–53,12).

Por palavras e obras, esta identidade é dada aos discípulos em um momento certo (cf. Mc 4,10-13), especialmente quando Pedro afirma que Jesus é o Cristo (cf. Mc 8,27-30). Merece destaque, nessa estrutura, o fato de os espíritos impuros e demônios se manifestarem gritando que eles sabem quem é Jesus: "Sei quem tu és, o Santo de Deus" (Mc 1,23); "mas não deixava os demônios falarem que o conheciam" (Mc 1,34); "E os espíritos impuros, quando o viam, caíam aos seus pés e gritavam: 'Tu és o Filho de Deus!'" (Mc 3,12). Esta reação é fruto do anúncio inaugural de Jesus: "Cumpriu-se o tempo e o Reino de Deus chegou". A reação de Jesus à iniciativa dos demônios confirma o anúncio messiânico em prol do Reino de Deus, pois faz ruir o reino de Satanás (cf. Jo 12,31).

Jesus impõe o silêncio, também, para alguns beneficiados. Ao curar o leproso diz: "Não digas nada a ninguém" (Mc 1,44); ao ressuscitar Talítha, aos pais "lhes ordenou com insistência que ninguém viesse a saber" (Mc 5,43); na cura do surdo-mudo, "lhes ordenou que não dissessem a ninguém, porém, quanto mais proibia, muito mais eles apregoavam" (Mc 7,36); ao cego de Betsaida, "o mandou para casa, dizendo: 'Não entres nem mesmo no povoado'" (Mc 8,26).

Aos beneficiados e discípulos, o silêncio é imposto para controlar a euforia, a fim de que não seja prejudicada a sua missão messiânica, atraindo, ainda mais, a desconfiança das lideranças políticas e religiosas, que procuravam calar agitadores públicos.

Jesus, pessoalmente, também se revelará e se confessará messias diante da insistente pergunta feita pelo Sumo Sacerdote (cf. Mc 14,60-62), mas, na dinâmica do evangelho segundo Marcos, esta confissão ficou reservada ao centurião diante da sua cruz (Mc 15,39).

Pelo segredo messiânico, Jesus revela o caminho assumido, capaz de manifestá-lo como o Filho que verdadeiramente se entregou à vontade do Pai. Jesus demonstrou a sua divindade, aceitando a rejeição dos homens, representados tanto pelos judeus como pelos romanos, e pela incompreensão dos seus discípulos e familiares.[20]

Na dinâmica do ministério, para Jesus importa instaurar e realizar o Reino de Deus que possui uma força própria e cresce por si só (cf. Mc 4,26-32). Um reino que não se conquista pelas riquezas, pelo sucesso

---

[20] FABRIS, R. O Evangelho de Marcos. In: BARBAGLIO, G.; FABRIS, R.; MAGGIONI, B. *Os Evangelhos* [I]. São Paulo: Loyola, 1990. p. 506-509.

(cf. Mc 10,23-35), ou pela força do poder político (cf. Mc 11,10), mas que deve ser acolhido na simplicidade (cf. Mc 10,13-16).

Jesus, em sua identidade e missão, revela-se *o messias* que realiza o Reino de Deus pela total obediência. Mas como Jesus faz isso? Dois momentos interligados pela confissão de Pedro, presentes no evangelho segundo Marcos, podem ajudar a responder a essa pergunta.

Jesus e as multidões

Este primeiro momento acontece, principalmente, na região da Galileia, palco geográfico sobre o qual acontecem os feitos de Jesus. Acentuam-se os milagres, principalmente exorcismos, e nota-se a relação de Jesus com as multidões, que compreendem muito pouco do seu "ensinamento" sobre o Reino de Deus.

Por causa desta "incompreensão", no evangelho segundo Marcos os fatos são privilegiados. Os feitos de Jesus, mais do que os discursos, atestavam melhor o Reino de Deus para os destinatários. Todavia, apesar de Jesus realizar vários milagres, ele busca ocultar e preservar o seu messianismo do perigo de não ser bem entendido pelo povo e até pelos próprios discípulos.

A partir da confissão de Pedro no capítulo 8, as multidões saem parcialmente de cena, os milagres diminuem e Jesus dedica-se, quase exclusivamente, à instrução dos seus discípulos.

Confissão de Pedro – Marcos 8,27-33

Acontece a revelação do Filho como sendo o Cristo. Essa revelação é feita aos discípulos, inicialmente, através da instrução que Jesus inicia a partir da confissão que brota nos lábios de Pedro: "Tu és o Cristo".

O texto inicia-se com uma pergunta: "Quem dizem os homens que sou eu?". Os personagens presentes na resposta eram aqueles que estavam na cabeça do povo: João Batista, Elias… A pregação de Jesus permitia a sua identificação com os antigos profetas de Israel. Até mesmo o povo não lhe negou esse título desde o início (Mt 6,14; Mc 6,15; Jo 4,19).

A pergunta que aparentemente era de fácil resposta faz com que suscite uma razoável confusão. Jesus interfere com mais uma pergunta: "E vós, quem dizeis que sou?". Jesus não queria que os discípulos apenas repetissem as opiniões de outras pessoas. Ele indagava a cada um de forma especial. Perguntava àqueles que com ele andavam diariamente.

A imagem que estava presente na mente dos discípulos não era muito diferente daquela criada pelo povo, que via nele a figura do messias político, nascido das esperanças e frustrações, realimentadas ao longo de vários séculos de humilhação e de dominação estrangeira. Pedro assume e responde por ele e por todos os outros: "Tu és o Cristo, o filho do Deus vivo". Pedro assumiu por conta e risco o comando da situação e, cheio de ousadia, respondeu. Ele não tinha dúvida ao falar e, por causa disso, manifestava não somente aquilo que pensava, falava também pelo próprio grupo de discípulos.

Os demais discípulos podiam falar dos outros, no entanto, não podiam falar de si mesmos. Pedro falava por si e pelo grupo e isso fazia toda a diferença. Ele sabia em quem cria e, dessa forma, falar se tornou algo extremamente fácil. Jesus pretende mostrar aos discípulos que a confissão "Tu és o Cristo" não era uma simples afirmação que brotara nos lábios de Pedro, mas consistia em uma revelação que exigia assumir, aderir e entender o plano divino para o Messias, isto é, a realização do Reino de Deus e de sua vontade.

A transfiguração

O episódio da transfiguração segundo o evangelho de Marcos 9,2-8[21] nos situa diante da intricada tarefa de descobrir a identidade de Jesus conciliando-a com o seu fracasso na cruz. Jesus sobe o Monte Tabor com Pedro, Tiago e João para orar. A oração de Jesus mostra sua estreita ligação com o Pai e a crescente consciência de sua missão. "Enquanto orava, seu rosto mudou de aparência e sua roupa ficou branca e brilhante" (Lc 9,29). Mateus 17,2 diz que "seu rosto brilhou como o sol e suas roupas ficaram brancas como a luz". A glória que Jesus recebera do Pai, agora, resplandece diante dos discípulos. Jesus nos revela seu rosto glorioso.

---

[21] Paralelos em: Lc 9,28-36; Mt 17,1-9.

Em seguida aparecem *Moisés e Elias* revestidos de glória conversando com Jesus. Moisés, considerado o autor da *Lei*, e Elias, o maior dos *profetas*, tratavam "sobre a saída deste mundo que Jesus iria consumar em Jerusalém" (Lc 9,31). Naquele momento, eles testemunhavam a missão de Jesus como Messias sofredor.

Por sua vez, Pedro e os companheiros estão com sono e, quando acordam, "viram a glória de Jesus e os dois homens que estavam com ele" (v. 32). A glória de Jesus, revelada antes dos sofrimentos da paixão, deverá sustentar a fé deles e dos outros discípulos. Cruz e glória integram o caminho do Mestre e dos discípulos.

Uma nuvem luminosa cobre o topo da montanha. Segundo a tradição bíblica, a nuvem é a manifestação do Espírito Santo; dela sai uma voz que diz: "Este é o meu Filho, o Eleito. Escutai-o!" (v. 35). Segundo esta passagem, *é o Pai quem nos revela a identidade de Jesus e nos indica o caminho exato para conhecê-lo*: *é preciso escutá-lo*, o que implica uma compreensão e uma obediência à sua palavra, colocando à disposição de Jesus a própria vida.

Jesus e seus discípulos

Acontece a revelação de Jesus, como Messias e Filho de Deus, quando Jesus toma a firme decisão de subir a Jerusalém, localizada no sul de Israel e onde o ministério de Jesus é consumado. Podemos dividir este momento em duas unidades: Subida para Jerusalém – 10,1-52; Ministério em Jerusalém (paixão–morte–ressurreição) e anúncio do reencontro na Galileia – 11,1–16,8.

Jesus se dedica e se interessa, em particular, pela formação dos seus discípulos. Eles, por primeiro, são os que devem reconhecer e compreender o significado do messianismo assumido por Jesus. Porém, não entendem o sentido do mistério messiânico (cf. Mc 8,27-33; 9,10.32; 10,38). Por isso, Jesus lhes fala, abertamente, sobre o centro da sua missão, paixão e morte, entendendo a natureza e a razão última do ministério. A unidade termina com o relato da cura do cego em Jericó como paradigma de que Jesus é capaz de abrir os olhos para que seus discípulos possam reconhecer claramente sua identidade (10,46-52).

54

Por três vezes Jesus anuncia a sua paixão-missão (cf. Mc 8,31-33; 9,30-32; 10,32-34), a fim de ajudá-los a superar o messianismo terreno do poder e da glória meramente humanos. No fundo, pretende que eles alcancem uma plena compreensão da revelação da sua identidade.

Continua a narração apresentando o ministério de Jesus em Jerusalém. Conta-se a entrada festiva de Jesus em Jerusalém e sua característica de profeta (11,1-25); as controvérsias com as autoridades da cidade santa (11,27–12,12); seu ensinamento no Templo (12,13-44); o extenso discurso escatológico (13,1-37); o processo do Messias sofredor que, ao entregar-se totalmente, revela seu mistério.

A cruz é o sinal que visualiza a sua identidade e a sua missão, concretizando, assim, a teofania que ocorreu no momento do Batismo (Mc 1,9-11 é uma chave de leitura para todo o Evangelho) e da transfiguração (cf. Mc 9,7). O ponto culminante da revelação messiânica acontecerá: (a) durante o processo de condenação de Jesus diante do Sumo Sacerdote (cf. Mc 14,60-62); (b) no momento da sua morte de cruz diante do centurião, isto é, um pagão executor da sentença reconhece a filiação divina no crucificado: "Verdadeiramente este homem era filho de Deus" (Mc 15,39). Aqui chegamos ao clímax do Evangelho: finalmente uma pessoa pode proclamar com certeza quem é Jesus.

Marcos, então, quer conduzir o ouvinte-leitor à total revelação da identidade-missão de Jesus. Por isso, do seu ensinamento resulta que ele é "o Filho e Senhor de Davi" (Mc 12,36, cf. Sl 110,1), e "O Filho do Homem vindo entre as nuvens" (Mc 13,26; cf. Dn 7,14-15 e Ez 1,26-28). Logo, é verdadeiro Deus. Ele é o Servo de Iahweh, capaz de sofrer e de se compadecer diante do sofrimento anunciado em Isaías 52–53 (cf. Mc 1,11; 9,7; 10,45). Logo, Jesus é verdadeiro Homem.

Parece que a intenção fundamental de Marcos, com relação aos seus destinatários, é anunciar Jesus como *verdadeiro Homem e verdadeiro Deus*, através de um caminho que leve o ouvinte-leitor, isto é, a comunidade cristã, à aceitação e à profissão de sua fé.

Depois dessa prova de fogo a que são submetidos os discípulos, cabe-lhes encontrar a plena verdade. Esta lhes vêm pela fé na experiência que fizeram do Ressuscitado. Os relatos da ressurreição do Senhor mostram o espanto dos discípulos e apóstolos por descobrirem que o crucificado ressuscitara.

Jesus, amigo dos discípulos

Tanto na catequese quanto em nossa vida pessoal, a experiência de contato com o Senhor Ressuscitado nos leva à firme convicção de que ele, de fato, é nosso amigo. Trata-se de uma Pessoa que não nos assusta ou exige perfeição, mas, sobretudo, nos acompanha, nos escuta, quer o nosso bem e compreende nosso ponto de vista. A herança do Êxodo já mostrava essa proximidade de Deus: "O Senhor falava com Moisés face a face, como alguém que fala com seu amigo" (Ex 33,11).[22]

Em Jesus de Nazaré, Deus se torna próximo de toda pessoa. Descobrimos seu jeito de ser e sua capacidade de estabelecer relações profundamente humanas. Essa capacidade se manifesta no modo de aproximar as pessoas a si, pelo perdão e pela misericórdia, compaixão, ternura e solidariedade.

Estes gestos são reveladores da identidade de sua pessoa, como um ser para os outros, alguém que percebemos ao nosso lado; convicção esta que não é resultado de uma conquista humana, mas revelação do próprio Deus: "amai-vos uns aos outros, assim como eu vos amei" (Jo 15,12).

A amizade de Jesus não pode ser considerada senão analogicamente, pois apresenta, ao mesmo tempo, elementos de semelhança e de diferença em relação à amizade humana.

A amizade coloca os amigos no mesmo plano e pode chegar à identificação e à interdependência, segundo a expressão popular: "os amigos vivem um pelo outro, um com o outro, um no outro". Neste sentido, a amizade pode ser definida como uma relação íntima entre duas pessoas que tendem a se identificar, no pensamento, nos gostos e nos ideais de vida, até fazer, segundo a expressão de Santo Agostinho, "muitos espíritos num só espírito".[23]

Por sua vez, a amizade de Jesus também apresenta elementos de desigualdade, pelo fato de que ele é Deus. Jesus é o amigo-salvador, quer dizer, sua amizade se traduz numa eficaz solidariedade com a mi-

---

[22] Este subtítulo é uma adaptação livre de: FRISULLO, Vicente. *As imagens de Jesus*: leitura a partir dos manuais de Confirmação do Brasil. São Paulo: Paulinas 2012. p. 13-28.

[23] *Confissões* II, V, 10. Patrística 10. São Paulo: Paulus, 1997. p. 76.

56

séria do amigo para resgatá-lo: "Ninguém tem amor maior do que aquele que dá a vida por seus amigos" (v. 13).

Jesus amou as pessoas com misericórdia. Ele ofereceu sua amizade a todos, porque cada um é especial e único, além de todo e qualquer preconceito. Jesus se doa de maneiras diferentes, segundo as exigências da sua misericórdia. Esta é universal, pois Deus quer salvar a todos, mas é também parcial, pois Deus está mais atento onde a miséria é maior. Isso nos faz compreender a atenção de Jesus para com os pecadores, os pobres, os excluídos. Em sua humanidade, assumidamente pobre, solidarizando-se com o povo sofrido, Deus alcança a todos e cada um. A solidariedade cristã se torna, então, uma sábia síntese do amor universal e da opção por aqueles que têm necessidade de uma particular atenção.

A amizade, por sua natureza, cria uma influência recíproca que leva os amigos a se compreenderem progressivamente até se tornarem semelhantes em muitas coisas. É como se se entrasse num processo de apropriação, de interiorização e de assimilação do pensamento e da vida do Cristo. São Paulo chega a falar de uma reprodução da imagem do Filho em nós (Rm 8,29), pela qual assumimos os traços do seu rosto.

Jesus estabelece vínculos com seus apóstolos e discípulos neste alto grau de amizade que leva à comunhão e à parceria, e não à subserviência cega a um deus autoritário. De fato, revela aquilo que ele é: um Deus amigo da humanidade e que, por isso, nos revela o plano do Pai. "Já não vos chamo servos, porque o servo não sabe o que faz o seu Senhor. Eu vos chamo amigos, porque vos dei a conhecer tudo o que ouvi de meu Pai" (v. 15).

Se a amizade é uma relação de alteridade e de reciprocidade, na amizade do Cristo nós experimentamos que Deus, por ele revelado, é um "Deus por nós", é Pai. Ele e o Pai estão unidos numa só missão de resgatar o mal que leva o mundo a se perder.

Jesus e o Pai

A pessoa de Jesus Cristo é incompreensível sem a relação dele com o Pai e o Espírito Santo. As três Pessoas Divinas agem ao mesmo tempo, juntas, como comunicação de amor, e manifestam sua originalidade própria. Assim como fica explícito nas passagens da anunciação, do

Batismo, da transfiguração e da ressurreição, também todo o Evangelho deve ser lido e compreendido como manifestação conjunta da Trindade.

"Timidamente o Antigo Testamento foi descobrindo a paternidade de Deus. De modo geral, pode-se dizer que antes de Jesus fazer a grande revelação, declarando-se ele próprio Filho e ensinando as pessoas a chamá-lo de Pai sob o influxo do Espírito Santo (Rm 8,15-17; Gl 4,6-7), esse título raramente era atribuído a Deus. Dessa forma, podemos afirmar que é obra de Jesus dar a conhecer o rosto paterno (e materno) de Deus. As passagens do Novo Testamento são inúmeras, mas o evangelho que mais emprega esse título é sem dúvida alguma o de João."[24]

Jesus sempre age orientado pelo Pai, para cumprir sua vontade, e por isso realiza as obras que o Pai lhe manda. Jesus, como enviado, não fala senão do Pai e daquilo que o Pai o encarrega de falar: "Eu digo ao mundo as coisas que ouvi dele... eu comuniquei a você o que ouvi de meu Pai" (Jo 8,26; 15,15). A finalidade da missão é fazer de Jesus a palavra reveladora do Pai e testemunhar aos homens o que do Pai escutou e viu. A doutrina não lhe pertence, é daquele que o enviou: "Eu não falei por mim mesmo. O Pai que me enviou, ele é quem ordenou o que eu devia dizer e falar" (Jo 12,49). Isso é devido à vida de comunhão íntima que existe entre Jesus e o Pai: "As palavras que digo a vocês, não as digo por mim mesmo, mas o Pai que permanece em mim, ele é que realiza suas obras" (Jo 14,10). E quando as autoridades dos judeus tentam, mais uma vez, apedrejar Jesus, ele se defende apelando para a autoridade do Pai: "Por ordem de meu Pai, tenho feito muitas coisas boas na presença de vocês. Por qual delas vocês querem me apedrejar?" (Jo 10,31). Através destas palavras, que Jesus recebe do Pai e comunica, os apóstolos se convencem de que Jesus saiu do Pai e acreditaram que ele o enviou (Jo 17,7-8).

O creio niceno-constantinopolitano (séculos IV e V),[25] fruto da reflexão conciliar da Igreja, marca com precisão sua identidade e suas relações com o Pai: "Filho unigênito de Deus, nascido do Pai antes de todos os séculos: Deus de Deus, Deus verdadeiro de Deus verdadeiro, gerado, não criado, consubstancial ao Pai".

---

[24] BORTOLINI, José. *Raízes bíblicas do Creio niceno-constantinopolitano*. São Paulo: Paulinas, 2013. p. 19.

[25] Cf. Adaptação de BORTOLINI, José. *Raízes bíblicas do Creio niceno-constantinopolitano*, p. 21-23.

Nascido do Pai: sem sombra de dúvida, a expressão é tomada do início do prólogo do evangelho de João (1,1): "No princípio era o Verbo e o Verbo estava com Deus e o Verbo era Deus". A expressão "No princípio" se refere ao começo da criação. Afirma-se, portanto, a preexistência do Verbo à criação. Isso coincide com aquilo que se diz da Sabedoria no livro dos Provérbios 8,22-31.

Jesus é Deus que procede de Deus. Podemos cotejar a extraordinária profissão de fé do apóstolo Tomé, que diz a Jesus: "Meu Senhor e meu Deus" (Jo 20,28), na qual Jesus é colocado em pé de igualdade com Deus, (veja Jo 8,24.28.59). Mais contundente ainda, quando no evangelho de João 7,28-29 Jesus revela sua origem proveniente de junto do Pai: "Eu não vim por conta própria; aquele que me enviou é verdadeiro, mas vós não o conheceis. Eu o conheço, porque venho dele e foi ele quem me enviou!".

Logo no terceiro século, a doutrina arianista negava a divindade de Cristo. Ele não é Deus. Merece toda honra e glória, porém não possui a divindade. O Concílio de Niceia definiu que o Filho é consubstancial (de uma e mesma substância) e coeterno com o Pai. Em termos atuais, *grosso modo*, diríamos que Jesus possui o DNA do Pai. Neste sentido é possível aproximar alguns textos bíblicos, sobretudo do evangelho de São João, por exemplo: "Eu e o Pai somos um" (10,30); "Quem me viu, viu o Pai" (14,9); e textos que aproximam Jesus do Pai, do tipo "eu estou no Pai e o Pai está em mim" (14,11), ou as várias declarações de Jesus iniciadas com a expressão "EU SOU". Pois bem, essa expressão é a forma abreviada do nome Iahweh ("Eu sou aquele que sou"; cf. Ex 3,14). Portanto, quando Jesus emprega tal expressão, significa que ele está se colocando em pé de igualdade com Deus, declarando-se Deus (veja Jo 8,24.28.59). O evangelho de João não deixa dúvidas. Ele se abre com a solene declaração de que "o Verbo era Deus" (1,1; cf. também Fl 2,6).

Jesus, chamado o Cristo (Mt 1,16)

O Espírito Santo manifesta-se na vida de Jesus e sem ele não compreendemos quem é Jesus. Por obra dele, Jesus foi concebido no seio da Virgem, conforme o Anjo assegurou: "O Espírito Santo descerá sobre ti, e o poder do Altíssimo te cobrirá com a sua sombra" (Lc 1,35a).

Ocorre a efusão do Espírito no Batismo de Jesus, por isso atesta João: "aquele que me enviou a batizar com água disse-me: 'Aquele sobre quem vires o Espírito descer e permanecer, é ele quem batiza com o Espírito Santo'. Eu vi, e por isso dou testemunho: ele é o Filho de Deus!" (Jo 1,33b-34). Igualmente, na transfiguração de Cristo sobre o monte Tabor, o Espírito Santo se manifestou em forma de nuvem luminosa; e como fogo sobre os apóstolos no dia de Pentecostes.

Em hebraico, Jesus é chamado Messias, que equivale a Cristo na língua grega, palavras que significam "ungido", isto é, consagrado como eleito de Deus. Na sinagoga de Nazaré, quando Jesus proclamou a profecia de Isaías 61,1: "O Espírito do Senhor está sobre mim, pois ele me ungiu…" (Lc 4,18), aplicou-a a si mesmo, pois ele é o ungido de Deus, aquele que possui o Espírito sem medida; portanto, na qualidade de Messias, poderá derramá-lo plenamente e na força dele realizar as obras que são do agrado do Pai. Assim, os mistérios da vida de Jesus se cumprem sob a intervenção do Espírito Santo.

No diálogo com a samaritana, ela lhe diz: "Eu sei que virá o Messias (isto é, o Cristo); quando ele vier, nos fará conhecer todas as coisas" (Jo 4,25). Vimos anteriormente a solene confissão de Pedro: "Tu és o Cristo!". Os discípulos, reconhecendo Jesus como o messias, acrescentaram esse título ao seu nome.[26] Após os sinais que o Ressuscitado realizou diante dos discípulos, o evangelista João conclui: "Estes [sinais] foram escritos para que creiais que Jesus é o Cristo, o Filho de Deus" (Jo 20,31a). "Jesus é Cristo, 'ungido', porque o Espírito é a unção dele, e tudo o que advém a partir da Encarnação decorre dessa plenitude".[27]

Em Israel, a unção era um rito sagrado. Ungiam-se os sacerdotes, os profetas (cf. 1Rs 19,16). Tal como o óleo derramado, o Espírito penetra no interior da pessoa cumulando-a com seus dons e imprimindo definitivamente a sua marca. Portanto, ser ungido significa eleição divina. Jesus é ungido, não por mãos humanas, mas diretamente pelo Pai; é manifestado como Filho ao mundo. Aquele homem, Jesus de Nazaré, possui o Espírito de Deus e foi consagrado e enviado para realizar a obra do Pai de salvar a humanidade.

---

[26] As comunidades gregas, por desconhecerem o significado do título, fizeram dele um segundo nome: "Jesus Cristo" (At 9,34; 5,42; Mt 1,16; 27,17).

[27] *Catecismo da Igreja Católica*, n. 690.

Ao nos aproximar mais do Senhor para seguir-lhe os passos, é preciso ter presente que Jesus se revela como uma Pessoa da Trindade Santíssima, e a salvação é um projeto trinitário. O *Catecismo da Igreja Católica*, n. 689, dimensiona as relações do Espírito com Jesus: "É realmente Deus. Consubstancial ao Pai e ao Filho, ele é inseparável dos dois, tanto na Vida íntima da Trindade como em seu dom de amor pelo mundo [...]. Quando o Pai envia seu Verbo, envia sempre seu Sopro: missão conjunta em que o Filho e o Espírito Santo são distintos, mas inseparáveis. Sem dúvida, é Cristo que aparece, ele, a Imagem visível do Deus invisível; mas é o Espírito Santo que o revela".

Em João 16,14, Jesus diz que o Espírito Santo "me glorificará, porque receberá do que é meu para vos anunciar"; e em João 20,22, Jesus "soprou sobre eles e disse-lhes: Recebei o Espírito Santo". Estes trechos são vistos como base para dizer que o Espírito Santo procede substancialmente do Pai e do Filho.

Para nós, é fundamental tirar as consequências da missão conjunta do Filho e do Espírito Santo; ambos são distintos, porém, inseparáveis. Daí entendemos que não é possível conhecer o Mestre Salvador se não estivermos embebidos do Espírito. Pois o Espírito é o iconógrafo, isto é, aquele que pinta o rosto de Cristo em nosso coração, porque é missão do Espírito revelar Jesus. São Paulo nos afirma: "Ninguém será capaz de dizer: 'Jesus é Senhor', a não ser sob influência do Espírito Santo" (1Cor 12,3).

Para compreender melhor

1. Ao longo deste capítulo, que títulos foram atribuídos a Jesus para identificá-lo? Justifique cada um deles.
2. No discurso que Pedro proferiu para a multidão, seguindo At 2,22-24.29-33.36, que dados você acrescentaria para esclarecer melhor a pessoa do Senhor?
3. Justifique o segredo messiânico apontado pelo evangelista Marcos.
4. Seguindo o evangelho segundo Marcos, cite as duas etapas da vida de Jesus e o elo existente entre elas.

3 Jesus chama os discípulos

Desde quando nascemos atendemos a um chamado. Alguém nos chamou à vida e à plena realização de nossa natureza. Sabemos que o plano inicial de realização humana foi marcado pela desobediência e pelo orgulho. Deus não desiste de salvar a humanidade de seus descaminhos. Por isso, prepara um povo, envia profetas, faz aliança. Nestes tempos que são os últimos, enviou-nos seu próprio Filho, Jesus Cristo, para nos redimir do pecado e nos proporcionar a vida plena (cf. Jo 10,10). O Batismo é nossa oportunidade de participar do plano de salvação do Pai em seu Filho e na força do Espírito Santo. O Batismo é o grande chamado de Cristo para a vida do Reino.

Uma vez batizados, fomos para sempre configurados nele e, dessa maneira, toda a nossa vida constitui o tempo propício para respondermos afirmativamente ao dom da filiação divina, com uma vida segundo o coração e os ensinamentos de Jesus. Por isso a vida cristã é tempo de discipulado.

A palavra "vocação" vem do verbo latino *vocare* e significa "chamar, convite, apelo". Por trás de toda vocação há alguém que chama, uma voz que clama, um Deus que ama. Todos somos vocacionados. A proposta é dele.

Olhando para Jesus Cristo, percebemos que Deus é relação, comunhão, encontro, amor, vida. Deus Uno e Trino, Pai, Filho e Espírito Santo, que vive a perfeição do amor e da comunhão perfeita entre si. Deus, por nos amar, sustenta e ama todas as coisas e chama a cada um pelo nome para entrarmos em comunhão. Na origem do nosso chamado está, então, o Deus Trindade.

Como responder, pois, ao chamado de Deus? Com certeza, é Deus quem tem a iniciativa de chamar, mas ele respeita a nossa liberdade, porque quem responde precisa agir com liberdade e amor, e não por coação ou por medo.

Quem responde, não o faz porque um dia ouviu Deus como se ouvisse uma pessoa falando. Deus se utiliza das mediações: uma pessoa, uma situação, uma dificuldade, um acontecimento. Além dessas mediações, também a experiência da oração e da vida em comunidade são importantes para despertar nossa resposta. Ao observar as coisas cotidianas com os "olhos da fé", podemos ouvir o Deus invisível nos chamando para a missão; dessa experiência nasce a resposta de fé à sua proposta.

Quem se sente atraído por Deus não consegue ficar calado diante do seu convite à santidade. Muita gente se sente excluída. Acha que não tem condições de responder àquilo que Deus pede, que se sente tão "pecadora" que Deus jamais a chamaria para estar com ele, fazer parte do seu Reino, ser um discípulo.

Mas, se olharmos a Sagrada Escritura, perceberemos que muitas pessoas chamadas por Deus não tiveram uma vida muito exemplar. Moisés, antes de sentir-se chamado, havia matado um egípcio; Davi, mesmo tendo sido ungido rei de Israel, mandara matar um servo seu; Elias, o profeta, matara à espada centenas de falsos profetas... Olhemos ainda para Paulo: quantos cristãos ele perseguiu, quando a Igreja estava nos seus inícios! E foi ele quem Jesus chamou para ser apóstolo das missões. Porém, se todos tivessem se excluído do chamado, com certeza não teriam realizado as suas maravilhas; mas, porque se sentiram amados por Deus, foram capazes de corresponder a esse amor e mudar de vida.

Deus chama a todos, sim, sem exclusão. É uma *eleição divina em vista de uma missão. Para a Sagrada Escritura, o elemento central da vocação é a missão*. Deus, ao chamar alguém, chama-o para fazer alguma coisa em prol de uma comunidade. Os que são fiéis a essa missão transformam-se, convertem-se, santificam-se. *Quem diz "sim" a Deus não consegue permanecer mais o mesmo*. Torna-se outra pessoa, radicalmente diferente. Uma vez no caminho de Deus, para sempre no caminho da vida e do amor. E aquele que se coloca a caminho, é transformado por aquele que guia os seus passos.

Quando alguém se coloca a serviço de Deus, é porque acredita nele. Ninguém é chamado para servir a si mesmo. Não é a pessoa que cria sua vocação; ela descobre-se vocacionada para um ministério e, porque se sente amada por Deus, vai trabalhar na messe do Senhor para servir os irmãos.

Quem livremente responde ao chamado de Deus à santidade, aceita estar com ele, passa a viver como "servo" do Senhor, como quem se coloca a serviço da comunidade, numa atitude de disponibilidade ao projeto do Reino e de renúncia aos desejos pessoais. Isso é um processo. Às vezes, essa decisão demora anos. Contudo, quem se coloca a serviço de Deus estará preocupado em fazer somente a vontade dele. Mas há aqueles que nada respondem; ao contrário, até fazem o oposto do convite que Deus faz.

O evangelista João, no início do seu evangelho (1,38-39), diz que, quando os primeiros discípulos chegaram até Jesus, perguntaram: "Mestre, onde moras?". E Jesus respondeu: "Vinde ver". E eles foram e permaneceram com Jesus naquele dia. Porque fizeram a experiência do "estar com ele", resolveram não mais abandoná-lo, mas segui-lo. É o que acontece com todo aquele que, de repente, se sente amado e chamado por Deus. Não tem como escapar... A alegria em estar com o Senhor é tão grande, que as dificuldades não são nada diante da grandeza do amor de Deus. Um vocacionado amado é um discípulo apaixonado pelo Reino de Deus. Vai até o fim...[1]

A percepção de nossa vocação nasce do encontro com Jesus! "Este encontro não é um fato espetacular como o relatado no chamado de Paulo, mas uma relação interpessoal crescente com o Senhor, conhecido cada vez melhor no Novo Testamento, reconhecido presente de múltiplas formas com sua companhia permanente, com quem se dialoga na oração, por cuja amizade se corresponde com gestos e ações que lhe agradem, cujo amor salvador compartilhamos ao comer seu Corpo entregue e beber seu Sangue derramado pela salvação do mundo."[2] A partir deste encontro, as coisas nunca mais continuarão da mesma forma.

A pessoa de Jesus Cristo, sua missão, seu destino passam a dar sentido a nossa vida, pois o anúncio da Boa-Nova do Filho de Deus torna-se acontecimento salvífico hoje, na medida em que ele cura nossas feridas, perdoa nossos pecados, nos recebe como amigos, sacia nossa fome, exorciza a maldade, afasta a mentira e derrama seu Espírito.

---

[1] Adaptação de: DERETTI, Edson Adolfo. *Ide, fazei discípulos meus!* Encontros vocacionais. São Paulo: Paulinas, 2010. p. 9-13.

[2] SOCIEDAD DE LOS CATEQUETAS LATINOAMERICANOS. *La alegría de iniciar*. Bogotá, 2015. n. 40; cf. *Documento de Aparecida*, n. 243.

O cumprimento dessas promessas é possível porque seu Espírito nos alcança e, certeiramente, nos faz conhecer a luz da verdade, a pobreza de nossos apegos e a indigência de nosso egoísmo. O encontro decisivo com o Senhor abre diante de nossos olhos o caminho de graça e de salvação, e de nossa parte requer somente que aceitemos com fé seu convite pessoal e inadiável: "Vem e segue-me". Indistintamente, o Senhor nos chama para participarmos de seu Reino e da vitória da vida sobre toda escravidão.

Nos evangelhos, vemos que "a vocação não é coisa de um só momento, mas é feita de repetidos chamados e convites, de avanços e recuos. Começa à beira do lago (Mc 1,16) e só termina depois da ressurreição (Mt 28,18-20; Jo 20,21). Começa na Galileia (Mc 1,14-17) e, no fim, após um longo processo, recomeça na mesma Galileia (Mc 14,28; 16,7), também à beira do lago (Jo 21,4-17). Recomeça sempre! Na prática, o chamado coincide com a convivência dos três anos com Jesus, desde o batismo de João até o momento em que Jesus foi levado ao céu (At 1,21-22).

A maneira de Jesus chamar as pessoas é simples e bem variada. Às vezes, é o próprio Jesus quem toma a iniciativa. Ele passa, olha e chama (Mc 1,16-20). Outras vezes, são os discípulos que convidam parentes e amigos (Jo 1,40-42.45-46), ou é João Batista que o aponta como 'Cordeiro de Deus' (Jo 1,35-39). Outras vezes, ainda, é a própria pessoa que se apresenta e pede para segui-lo (Lc 9,57-58.61-62). A maior parte dos que são chamados já conhece a Jesus. Eles já tiveram alguma convivência com ele. Tiveram a oportunidade de vê-lo ajudar as pessoas ou de escutá-lo na sinagoga da comunidade (Jo 1,39; Lc 5,1-11). Sabem como Jesus vive e o que ele pensa".[3]

---

[3] MESTERS, Carlos. *Vai! Eu estou contigo!* Vocação e compromisso à luz da Palavra de Deus. São Paulo: Paulinas, 2010. p. 77-78.

Jesus, o Verbo eterno, inaugura sua atividade missionária convidando algumas pessoas do meio do seu povo para segui-lo e partilhar com ele a vida, a missão e o destino. Ele chama com autoridade e sem dar nenhuma explicação (cf. Mc 1,16-20; Mt 4,18; Jo 1,35-43). Os evangelhos registram a existência de um grupo de pessoas que, respondendo ao convite de Jesus, o seguiram.

"Vem e segue-me!"

"Desde o início de sua atividade e junto ao mar da Galileia, Jesus chama os primeiros quatro discípulos para reunir em torno a si um grupo" (Mc 1,16-20). Segundo o plano do evangelho de Marcos,[4] o primeiro ato que Jesus faz no início do que chamamos seu ministério público é convidar duas duplas de irmãos para o seguirem: Pedro e André; Tiago e João. A Galileia é o lugar do começo do ministério público de Jesus e, ao mesmo tempo, o término desse mesmo ministério (cf. 1,16; 16,7). Esses quatro primeiros discípulos são homens que trabalham e têm a pesca como profissão; o Senhor os tira desse trabalho e os leva consigo. Observemos que o chamado depende de uma decisão livre de Jesus.

Se Jesus chama livremente estas duas duplas de discípulos é para prepará-los para a missão de "pescadores de homens". O que vale dizer que evangeliza de verdade quem vive em contato profundo e permanente com a Boa Notícia, ou seja, com Jesus, Filho de Deus e Messias (Mc 1,1). O convite de Jesus a segui-lo é sempre para a mis-

---

[4] Este título é uma transcrição adaptada de: MARTÍNEZ ALDANA, Hugo Orlando. *O discipulado no Evangelho de Marcos*. São Paulo: Paulus/Paulinas, 2005. p. 17-21.

são, ou seja, para realizar um trabalho – o de pescador de homens – a serviço do Reino de Deus.

Jesus não os chama como trabalhadores assalariados e com férias garantidas. Ele simplesmente os chama. Seu chamado é exigente, mas é nele que poderão encontrar o sentido de suas vidas. Além disso, há que enfatizar a obediência imediata e incondicional com a qual os discípulos respondem ao chamado de Jesus: "... e, imediatamente deixando as redes e o pai Zebedeu, puseram-se a seguir Jesus" (Mc 1,18-20).

Deixar a família

No contexto da cultura do tempo de Jesus, a família ocupava o primeiro lugar na escala de valores; toda pessoa era ligada por laços de sangue a uma família tribal. O chefe do grupo era o *pater familias*, e o varão que se casava simplesmente construía sua casa junto à do pai e à dos outros irmãos. Compartilhavam, assim, todos os trabalhos, ingressos e egressos da sociedade familiar. Até mesmo o forno no qual se cozia o pão era de uso comum para toda a família; não tinham necessidade de adquirir bens exclusivamente particulares, como hoje fazemos.

Numa cultura totalmente tradicionalista, com valores familiares tão arraigados, Jesus convida seus discípulos a deixarem a família algo que era inimaginável descuidar mesmo por um instante. Em outras palavras: o chamado aos discípulos nestas condições é totalmente anticultural. Deixar a família era não só se separar dela, mas também privar-se de seu meio de subsistência: era quase impossível uma pessoa poder subsistir por si mesma fora do núcleo familiar (cf. A parábola do filho pródigo, em Lc 15,11-31). Os primeiros discípulos deixam suas próprias famílias e seus próprios trabalhos, para formar uma nova família com Jesus, com uma nova atividade: "Eis a minha mãe e os meus irmãos. Quem fizer a vontade de Deus, esse é meu irmão, irmã e mãe" (Mc 3,34-35).

O que Jesus pede aos seus discípulos é simplesmente excessivo: um gesto de ingratidão e insolidariedade; uma vergonha para toda a família e uma ameaça para seu futuro. Jesus está consciente dos conflitos que pode provocar naquelas famílias patriarcais.

Em Lucas 9,57-62, aparecem as exigências para o seguimento.[5] A primeira se refere ao desprendimento e à pobreza: "o Filho do Homem não tem onde reclinar a cabeça" (v. 58b). Alguns interpretam que reclinar a cabeça era próprio de quem se debruçava sobre o estudo da lei. O discípulo, agora, não tem mais a lei, só o Mestre Jesus.

A segunda exigência: Jesus convida outro a segui-lo e este pede primeiro para enterrar o pai. É a submissão ao progenitor, honrando assim o seu nome. O pai educa o filho para que o imite, esforça-se para que cada varão conserve e incremente a honra da família e que cada filho lhe obedeça como governante. Com sua desconcertante resposta: "deixa que os mortos enterrem os seus mortos" (v. 60), Jesus mostra a quem o discípulo deve submissão e honra: ao Pai celestial e ao que lhe diz respeito. É preciso deixar os mortos, isto é, aqueles que vivem a ordem antiga da Lei para aderir à comunhão com o Filho e o anúncio do Reino.

A terceira exigência: alguém do meio da multidão pede a Jesus para segui-lo, mas deve primeiro despedir-se de sua família. Romper com a família é desdizer o que alguém é, pondo em perigo a sobrevivência e a própria honra diante da comunidade; é uma ruptura vital. Para Jesus, fazer-se discípulo é mudar a fonte de subsistência e de honra: de agora em diante será ele e seus companheiros a sua nova família!

"Na antiguidade, os mestres convidavam seus discípulos a se vincular com algo transcendente e os mestres da Lei propunham a adesão à Lei de Moisés. Jesus convida a nos encontrar com ele e a que nos vinculemos estreitamente a ele, porque é a fonte da vida (cf. Jo 15,1-5) e só ele tem palavras de vida eterna (cf. Jo 6,68)."[6]

Seguir Jesus não admite nada que se anteponha à urgência do Reino, nem mesmo a família. Por isso o discípulo, ao ser enviado, não poderá saudar ninguém pelo caminho, nem levar bolsa ou sandálias (cf. Lc 10,4). O Reino é o bem supremo: a pérola preciosa ou o tesouro escondido, pelo qual vale a pena arriscar tudo.

Com Jesus, o Reino se instaura em nosso tempo. Seguir Jesus implica aderir a esta nova ordem já em marcha. Todas as instituições, tra-

---

[5] Seguiremos: SILVA RETAMALES, Santiago. *Discípulo de Jesus e discipulado segundo a obra de São Lucas*. São Paulo: Paulus/Paulinas, 2005. p. 30-32.

[6] *Documento de Aparecida*, n. 131a.

dições e relações deverão curvar-se ao que é constituinte e fundamental para o ser humano: viver em Cristo.

Seguir o Mestre

Na escola de Jesus, não são os discípulos que escolhem o mestre com base em critérios preestabelecidos, mas é Jesus quem toma a iniciativa e, agindo com autoridade profética, escolhe seus discípulos. Tudo tem início com um encontro e uma palavra autorizada, eficaz e criativa de Jesus: "Segue-me". Essa palavra expressa sua vontade eletiva em relação à pessoa chamada. Por meio de Jesus, Deus intervém na vida das pessoas. É Deus quem procura o ser humano nas coordenadas do tempo e da história.

"Na convivência cotidiana com Jesus e na confrontação com os seguidores de outros mestres, os discípulos logo descobrem duas coisas bem originais no relacionamento com Jesus. Por um lado, não foram eles que escolheram seu mestre, foi Cristo quem os escolheu. E por outro lado, eles não foram convocados para algo (purificar-se, aprender a Lei...), mas para Alguém, escolhidos para se vincularem intimamente à Pessoa dele (cf. Mc 1,17; 2,14)."[7]

O grupo forma-se por iniciativa exclusiva de Jesus. Seu chamado é decisivo. Jesus não se detém em dar explicações. Não lhes diz por que os chama nem lhes apresenta programa algum. Não os seduz propondo-lhes metas atraentes ou ideais sublimes. Eles irão aprendendo tudo junto dele. Agora os chama para segui-lo. E é só.

"'Seguir' era o termo que se usava naquele tempo para indicar o relacionamento entre o discípulo e seu mestre. O discípulo 'segue' o mestre e se forma na convivência com ele. Como os rabinos (mestres) da época, Jesus reúne discípulos para formar comunidade com eles. O relacionamento mestre x discípulo é diferente do relacionamento professor x aluno. O aluno assiste às aulas do professor sobre uma determinada matéria, mas não convive com ele. O discípulo convive com o mestre vinte e quatro horas por dia. Ser mestre, como Jesus, já aos trinta anos de idade, é sinal de muita maturidade e equilíbrio. Ter sempre doze pessoas

---

[7] *Documento de Aparecida*, n. 131b.

perto! Sempre! De vez em quando, Jesus não aguentava mais e perdia a paciência (Mc 9,19) ou saía para ficar a sós (Mc 6,46)."[8]

A relação mestre-discípulo não se limita ao fato de ensinar e aprender uma doutrina, mas é uma comunhão vital com Jesus e se traduz na obediência incondicional à sua palavra. Os seguidores de Jesus participam de sua vida, de suas atividades, particularmente do anúncio do Reino. Eles dependem plenamente de Jesus e agem em comunhão com ele. Sem a relação-comunhão vital com Jesus, a pregação da Boa-Nova do Reino perde toda sua força de transformação.

Não nos esqueçamos de que tal relação-comunhão com Jesus desembocará na cruz, pois "o discípulo não está acima do Mestre" (Lc 6,40). Isso origina um estilo de vida e de conduta, uma maneira de ver o mundo e discernir as situações, tal como faria o Mestre. Estamos longe de conceber a fé em Jesus unicamente como ocasião de pedir curas, milagres, bens materiais ou afastamento de demônios!

Mesmo os ternos sentimentos que nutrimos para com ele ajustam-se mais às relações que os pais desenvolvem com os filhos. Ainda que os amando, são capazes de serem firmes na formação do seu caráter, na aquisição de bons hábitos e, principalmente, a serem conscientes dos valores e das convicções que deverão norteá-los em suas atitudes.

A devoção a Jesus, resultante do encontro de nossa fé, de nosso respeito com a sua graça, vai adquirindo nova forma, uma vez que a convivência com ele nos faz enxergar o novo modo de pensar do Reino. Assim, o Mestre educa e mostra o caminho à medida que os acontecimentos diários são repassados à luz da Palavra e da oração pessoal, capacitando o discípulo para enfrentar a contradição e o sofrimento.

Os Doze

A constituição do grupo dos Doze (Mc 3,13-19) é um texto decisivo para o discipulado em Marcos. Marcos diz que Jesus subiu a uma montanha e, estando lá, chamou os discípulos. Jesus chama os que ele quer, e eles vão até ele. Jesus os chama para uma dupla missão:

---

[8] MESTERS, Carlos. *Vai! Eu estou contigo!*, p. 79.

1) *estar com ele*, isto é, formar comunidade na qual ele, Jesus, é o eixo central;

2) *anunciar a Boa-Nova e ter poder para expulsar os demônios*, isto é, pregar e combater o poder do mal que estraga a vida do povo e aliena as pessoas.

Os dois objetivos fazem parte da mesma vocação, do mesmo chamado. Um não exclui o outro. Eles se completam. Um não se realiza sem o outro. "No grupo dos numerosos discípulos,[9] Jesus escolheu Doze, que os evangelhos denominam de apóstolos, isto é, *enviados* ou simplesmente *os Doze* (cf. Mc 3,13-19). O grupo dos Doze, em relação aos outros discípulos, é íntimo, está mais próximo e forma uma comunidade de vida com Jesus, que lhes dedica uma particular atenção e instrução, praticando uma experiência missionária que deve ser entendida como conteúdo da evangelização: anunciar a Boa-Nova e libertar do demônio (cf. Mc 6,7-13). Os Doze estão com Jesus e agem no poder do seu nome, aprendendo, contudo, a ser servos, a exemplo do próprio Mestre (cf. Mc 9,35-37; 10,35-45)."[10]

Eles são o núcleo mais importante de discípulos e também o mais estável. A maioria deles não tem uma relevância notável como indivíduos. As fontes dão mais importância ao grupo como tal do que a cada um de seus componentes. Os Doze movem-se à sombra de Jesus. Sua presença em torno dele é um símbolo vivo que deixa entrever a esperança que ele traz em seu coração: conseguir a restauração de Israel como germe do Reino de Deus.

Sem dúvida, todos viam naquele grupo um símbolo sugestivo que, de alguma forma, evocava as doze tribos de Israel. Este pequeno grupo que o rodeia é para ele símbolo de um novo começo para Israel. Uma vez restaurado e reconstruído, este povo tão querido por Deus se converterá no ponto de partida de um mundo novo no qual seu reinado chegará até os confins do mundo.

A convocação dos discípulos e dos Doze dá início à Igreja, isto é, ao novo Povo de Deus que acolhe a novidade do Reino. "O germe e o

---

[9] Lucas, em seu evangelho, fala de pelo menos 72 discípulos (cf. Lc 10,1). Paulo afirma que Jesus Ressuscitado apareceu para mais de quinhentos irmãos (cf. 1Cor 15,6).

[10] FERNANDES, L. A.; GRENZER, M. *Evangelho segundo Marcos*, p. 38-39.

começo do Reino são o 'pequeno rebanho' (Lc 12,32) dos que Jesus veio convocar em torno de si, dos quais ele mesmo é o pastor."[11]

Os Doze e os outros discípulos participam da missão de Cristo, de seu poder, mas também de sua sorte. Por meio de todos os seus atos, Cristo prepara e constrói a sua Igreja. "Enviou os apóstolos primeiramente aos filhos de Israel e, depois, a todas as gentes (cf. Rm 1,16) para que, com o poder que lhes entregava, fizessem de todos os povos discípulos seus, os santificassem e governassem (cf. Mt 28,16-20; Mc 16,15; Lc 24,45-48; Jo 20,21-23) e, assim guiados pelo Senhor, dilatassem a Igreja e a apascentassem com o seu ministério [...] os apóstolos congregaram a Igreja universal que o Senhor fundou neles e edificou sobre o bem-aventurado Pedro, como chefe, permanecendo Cristo Jesus como pedra angular."[12]

Mulheres discípulas

A leitura corrida do Novo Testamento deixa a impressão de que os seguidores de Jesus eram, na sua grande maioria, compostos de homens. Contudo, isto não corresponde à verdade do projeto de Deus. Na sua pregação apostólica, Jesus reconduz o projeto do Pai ao seu estádio original. Com efeito, do primeiro relato da criação aprendemos que, no princípio, Deus criou *homem* e *mulher*, dando início à espécie humana. Outra não poderia ser a ação de Jesus, "aquele por quem tudo foi feito".

Jesus anda por toda parte, pelos povoados e cidades da Galileia, anunciando a Boa-Nova do Reino de Deus, e os Doze estão com ele. O surpreendente é que, ao lado dos homens, há também mulheres "junto com Jesus".

No tempo de Jesus, a mulher era desprezada, considerada física e religiosamente inferior ao homem, e um ser vulnerável que os homens deviam proteger da agressão sexual de outros varões. Por isso era mantida reclusa no lar e retirada da esfera da vida pública. Seus deveres eram sempre os mesmos: moer o trigo, cozer o pão, cozinhar, tecer, fiar, lavar o rosto, as mãos e os pés de seu homem.

---

[11] *Catecismo da Igreja Católica*, n. 764.

[12] Concílio Vaticano II, Constituição Dogmática *Lumen Gentium*, n. 19.

Fora do lar, as mulheres não "existiam". Não podiam afastar-se da casa sem estar acompanhadas por um varão e sem ocultar o rosto com um véu. Não lhes era permitido falar em público com nenhum varão. Deviam permanecer retiradas e caladas. As mulheres judias, sem verdadeira autonomia, servas do próprio esposo, reclusas no interior da casa, suspeitas de impureza ritual, discriminadas religiosa e juridicamente, constituíam um setor profundamente marginalizado na sociedade judaica. Criada depois do homem, tirada do homem, e por isso erroneamente tachada e censurada como sujeita ao homem e às vontades dele.[13]

A mulher não podia frequentar a escola, por isso, não sabia ler. Então, estava incapacitada para ler a Bíblia e, em consequência disso, não podia entrar em contato com Deus na leitura da Bíblia. Até dentro do Templo não podia ingressar. Um judeu comum, no tempo de Jesus, rezava de manhã assim: "Ó Deus, te agradeço, porque não nasci pagão nem mulher". Aliás, até em nossos dias, em alguns países de cultura muçulmana, a mulher é submissa às vontades desvairadas do homem. Pois bem: Jesus, ao contrário, privilegia as mulheres.

Com uma sensibilidade nada habitual numa sociedade patriarcal, Jesus tem o costume de falar explicitamente das mulheres, tornando-as "visíveis" e pondo em relevo sua atuação. Na praxe de Jesus a mulher é valorizada, é dignificada; isso constitui uma realidade insólita entre os rabinos daquela época (cf. Mc 15,41).

O evangelho segundo Lucas é considerado o evangelho das mulheres. Neste evangelho, as mulheres, além de acompanhar Jesus e os Doze, estão ao seu serviço, pondo à disposição deles os seus bens (cf. Lc 8,1-3). Essas mulheres correspondem ao discipulado feminino. Não serviam a Jesus apenas mulheres iletradas, ignorantes, aquelas que não tinham afazeres, mas mulheres de diferentes níveis sociais.

Lucas também conservou os nomes de algumas destas discípulas: *Maria Madalena*, nascida na cidade de Magdala. Ela tinha sido curada de sete demônios. *Joana*, mulher de Cuza, procurador de Herodes Antipas, que era governador da Galileia. *Suzana* e várias outras. Delas se afirma que "servem a Jesus com seus bens" (Lc 8,3). *Marta* e *Maria* (Lc 10,38),

---

[13] Cf. PAGOLA, José Antonio. *Jesus*: aproximação histórica. Petrópolis: Vozes, 2010. p. 257-259.

Maria, mãe de Tiago (Lc 24,10), e *Ana*, a profetisa (Lc 2,36), de oitenta e quatro anos de idade.

Lucas é o que traz maior número de episódios em que se destaca o relacionamento de Jesus com as mulheres. E a novidade não está só na presença delas ao redor de Jesus, mas também, e sobretudo, na atitude de Jesus em relação a elas. Jesus as toca ou se deixa tocar por elas sem medo de se contaminar (Lc 7,39; 8,44-45.54). A força libertadora de Deus, atuante em Jesus, faz a mulher se levantar e assumir sua dignidade (Lc 13,13). Jesus é sensível ao sofrimento da viúva e se solidariza com a sua dor (Lc 7,13). O trabalho da mulher preparando alimento é visto por Jesus como sinal do Reino (Lc 13,20-21). A viúva persistente, que luta por seus direitos, é colocada como modelo de oração (Lc 18,1-8), e a viúva pobre, que partilha seus poucos bens com os outros, como modelo de entrega e doação (Lc 21,1-4).

Lucas coloca os discípulos e as discípulas em pé de igualdade, pois ambos seguem Jesus. Jesus é o salvador. Contudo, não abre mão do concurso humano. As mulheres, com suas peculiares qualidades e recursos, tornam-se mensageiras e servidoras do Reino. São verdadeiras discípulas do Senhor, realizando um serviço que só elas sabem fazer. Isso acontecia não só pelos sinais, milagres e prodígios que o Senhor realizava, mas, principalmente, pela sensibilidade que as mulheres têm, tanto para ouvir como para responder. Tudo isso fez com que tivessem uma importância significativa no ministério de Jesus.

Testemunhas da ressurreição

À diferença dos discípulos, algumas mulheres acompanharão Jesus até o fim da sua experiência terrena, tornando-se, ao lado do "discípulo amado" e de Maria, a mãe de Jesus, as testemunhas oculares da sua morte, sepultura e ressurreição: *Maria de Magdala, Maria, mãe de Tiago, o Menor, e de Joset, e Salomé. Elas o seguiam e serviam enquanto esteve na Galileia. E ainda muitas outras que subiram com ele para Jerusalém* (cf. Mc 15,40-41.47; 16,1-8). Marcos define a atitude delas com três palavras: *seguir, servir, subir* até Jerusalém. A tradição posterior não valorizou este dado do discipulado das mulheres com o mesmo peso com que valorizou o seguimento de Jesus por parte dos homens.

Numa época em que o testemunho das mulheres não era aceito como válido, por incapacidade – diziam os homens – de presenciar, assimilar e transmitir o conteúdo de um fato, de um evento, Jesus as escolhe como testemunhas da sua morte (Lc 23,49), sepultura (Lc 23,55-56) e ressurreição (Lc 24,1-11.22-24).

Jesus Ressuscitado aparece primeiro às mulheres; Jesus constitui as mulheres mensageiras de sua ressurreição. Elas estão encarregadas de comunicar a Boa-Nova da vida aos apóstolos, entrincheirados pelo medo no cenáculo. Note-se um detalhe: a primeira experiência da Páscoa é confiada a criaturas que, no conceito daqueles tempos, eram consideradas "as últimas", as ínfimas na escala das dignidades da sociedade oriental: as mulheres não eram sujeito jurídico no sentido estrito, não eram habilitadas a testemunhar em sede processual. Verifica-se nesse episódio que os últimos tornam-se os primeiros, e um grupo de mulheres é privilegiado por uma tarefa especial: "Mas ide, dizei a seus discípulos e a Pedro: 'Ele vai à vossa frente para a Galileia. Lá o vereis, como ele vos disse!'" (Mc 16,7).

As mulheres, portanto, são consideradas arautos e mensageiras da vitória sobre a morte, e os apóstolos ficam por elas iluminados na missão que haverão de desenvolver a partir da Galileia dos gentios, dos pobres, dos excluídos, dos considerados impuros pelos mandantes de Jerusalém; portanto, no lugar tópico e simbólico ao mesmo tempo, onde Jesus tinha começado a sua atividade (Mc 1,14). Os discípulos só poderão encontrar-se, ver, experimentar de novo Jesus se continuarem o projeto por ele iniciado. Jesus Ressuscitado não será apenas um corpo redivivo, mas uma presença contínua entre aqueles que atualizam o seu caminho. Foram as mulheres as encarregadas de notificar e transmitir aos apóstolos a Boa-Nova da vida vitoriosa sobre a morte; elas que, em sua configuração física e espiritual, transfundem e geram a vida.[14]

Os primeiros cristãos não chegaram a elaborar uma lista destas discípulas que seguiam Jesus, como fizeram com os doze discípulos. Nenhuma destas seguidoras pertence ao grupo restrito dos apóstolos e não existe nenhum relato de vocação pessoal.

---

[14] Cf. LOPES, Geraldo. *Pilares da Igreja*: o papel da mulher na história da Salvação. São Paulo: Paulinas, 2015.

No começo da Igreja

No início da vida da Igreja, o livro dos *Atos dos Apóstolos* começa com uma afirmação que é síntese do livro: "Todos eles perseveravam na oração em comum, junto com algumas mulheres – entre elas, Maria, mãe de Jesus – e com os irmãos dele" (At 1,14). De forma geral e sem muitos detalhes, temos notícias sobre a conversão de mulheres e sua subsequente participação – tão anônima quanto a de homens – na vida da Igreja (5,14; 8,12; 17,4.12; 21,5-6).

Temos informações sobre a presença de mulheres na Igreja de Jerusalém, através das narrativas de perseguição que Saulo realizava contra a Igreja (8,1-3; 9,2; 22,4). Através de rápida menção, sabemos da conversão e participação de quatro mulheres profetisas em Cesareia (21,9): a filósofa Damaris em Atenas (17,34) e a mãe de Timóteo, que o educou na fé (16,1). Ficamos sabendo de conflitos intraeclesiais de ordem financeira e diaconal (5,1-11; 6,1-7). Temos notícias sobre desentendimentos religiosos entre Paulo e a escrava pitonisa que representava outra expressão religiosa (16,16-11).

"Ao chegar a Filipos, Paulo encontra, fora da cidade, um lugar de oração, junto a um rio. As mulheres aí reunidas escutam com atenção quando Paulo lhes apresenta Jesus como Filho do Deus Altíssimo e caminho de salvação. *Lídia*, uma das mulheres, logo se deixa batizar. É na casa dela que Paulo se hospeda. Além de Lídia, Paulo conquista outras mulheres filipenses para ajudá-lo na luta pelo Evangelho. Duas delas conhecemos pelo nome: *Evódia* e *Síntique*."[15]

---

[15] GRENZER, Matthias; SOUSA, Fabiana. *O mundo de Paulo*. São Paulo: Paulinas 2008. p. 27.

"O livro de Atos nos permite perceber a presença e a atuação de mulheres nas mais diferentes cidades espalhadas pelo Império Romano. Trata-se de mulheres que vivenciaram a graça de Deus através da presença viva do Cristo Ressuscitado. São mulheres que trabalhavam, viajavam e neste seu cotidiano atuavam como discípulas, missionárias e anunciadoras da Boa-Nova libertadora de Jesus Cristo."[16]

As cartas de Paulo destacam mulheres como divulgadoras do Evangelho de Jesus Cristo: Clóe (1Cor 1,11); Febe (Rm 16,1-2); Priscila (1Cor 16,19; Rm 16,3-5). Paulo pede que a comunidade dê saudações a ela e a seu marido: "Saudai a Priscila e Áquila, meus cooperadores em Cristo Jesus. Eles expuseram as suas cabeças pela minha vida, o que não só eu lhes agradeço, mas também todas as igrejas dos gentios" (Rm 16,3-4). Além deles, o apóstolo nomeia "Júnia apóstola" (Rm 16,7).

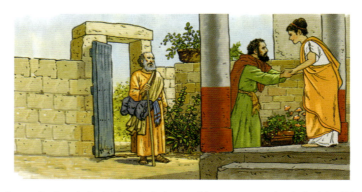

"A missão (evangelizadora de Paulo) é sustentada especialmente por casais missionários: Prisca e Áquila (cf. Rm 16,3-5); Andrônico e Júnia (cf. Rm 16,7), chamados de apóstolos notáveis. Eles são judeo-cristãos e auxiliam Paulo em sua missão. Prisca e Júnia revelam a presença missionária das mulheres no primeiro século. Igualmente Evódia e Síntique (cf. Fl 4,2) trabalhavam para a expansão do Evangelho no mundo antigo. O carisma das mulheres é fundamental para entender a obra missionária das origens, por isso Paulo pôde sentenciar que diante do Evangelho todos têm a mesma dignidade: não há homem nem mulher (cf. Gl 3,28)."[17]

Entre outros lugares, Paulo dirige-se a Atenas, onde prega no Areópago. Lá, Paulo argumentava na sinagoga com os judeus e os gregos devotos, e na praça, todos os dias, com os que se encontravam ali. Paulo

---

[16] REIMER, Ivoni Richter. *Liderança e ministérios de mulheres em Atos dos Apóstolos*. Disponível em: <http://www.geocities.ws/sitemaranatha/Mulheres1.pdf>. Acesso em: 15/12/2014.

[17] CNBB. *Comunidade de comunidades*: uma nova paróquia. São Paulo: Paulinas, 2014, n. 93. Documentos da CNBB, n. 100.

apresenta o *deus desconhecido* e é rejeitado... "Todavia, alguns homens aderiram a ele, e creram, entre os quais Dionísio, o areopagita, e uma mulher por nome Damaris, e com eles outros" (At 17,34).

A vocação batismal

Ao observarmos os vários chamados que Jesus realizou provocando o seguimento de tantos discípulos, é justo que indaguemos com objetividade: onde está a raiz de nosso chamado! A que vocação o Senhor nos chamou! [18]

Em nossa história, há um acontecimento de graça inicial que dá origem a toda a nossa vida espiritual cristã. Pelo Batismo fomos definitivamente enxertados em Cristo. Somos de fato chamados e aceitos como discípulos e também configurados no mesmo destino de morte e de ressurreição do Senhor. "(Pelo batismo) se fomos, de certo modo, identificados a ele por uma morte semelhante à sua, seremos semelhantes a ele também pela ressurreição" (Rm 6,5). Ao cobrir a pessoa com as águas, o rito batismal por imersão evidencia a imagem de ser sepultado com Cristo. Ao participarmos da morte e ressurreição de Cristo, somos chamados a uma comunhão plena e vital com o Mestre, que também é comunhão de missão e de destino.

Desde as origens, a fé da Igreja acreditou que na celebração batismal é atualizado o mistério pascal, de sorte que os batizados "unem sua existência com a de Cristo numa morte como a sua e são sepultados com ele na morte e vivificados e ressuscitados juntamente com ele, passando da morte do pecado à vida".[19]

A Igreja sempre acreditou que o acontecimento pascal celebrado no coração do rito batismal não seja uma simples representação teatral. O termo acima: "por uma morte *semelhante*" é usado em sentido realista como categoria de atualização entre a ação simbólica do banho batismal e o acontecimento salvífico da morte de Cristo. Não há distância entre eles, mas identidade; ambos formam um todo, constituem uma unidade, isto é, o sacramento.

---

[18] Neste item seguimos: OÑATIBIA, Ignacio. *Batismo e confirmação*: sacramentos de iniciação. São Paulo: Paulinas, 2007. p. 155-160; 236-237; 242-243; 255-256.

[19] *Ritual de Iniciação Cristã de Adultos*, Obs. Gerais, n. 6.

De fato, se o batizado participa efetivamente da morte-ressurreição de Cristo, é preciso que aquele acontecimento salvífico se torne realmente acessível a ele no sacramento. O Batismo é história da salvação em ato; é mistério atualizado: como revelação e oferta. Quem inicia os candidatos no Mistério salvador é, na verdade, o próprio Cristo; ele é o verdadeiro mistagogo. O Batismo é ação de Cristo, porque ele é o protagonista do acontecimento pascal que se atualiza neste sacramento.

A experiência de comunhão com Cristo vivida no Batismo não pode deixar de estabelecer vínculos e relações profundas entre o batizado e a Pessoa de Cristo. O Batismo inaugura uma nova vida em Cristo. A *incorporação a Cristo* em virtude do Batismo está implícita na expressão *batizar-se em Cristo*: a preposição *em* sugere um movimento de incorporação. A ideia aparece já em São Paulo: "[...] fomos batizados em um só Espírito, para formarmos um só corpo" (1Cor 12,13; cf. Rm 11,17-24).

O batizado passa para o domínio de Cristo, torna-se sua propriedade: "Vós sois de Cristo" (cf. Gl 3,29); mas isso ao mesmo tempo quer dizer que ele fica sob o amparo e a proteção do Senhor. Pela força dessa comunhão, o batizado fica configurado com Cristo morto e ressuscitado. O mistério pascal atua em forma de selo que deixa sua marca no batizado.

"'Batizados com Cristo [...] fostes feitos semelhantes à imagem do Filho de Deus' (cf. Rm 8,29). O Deus que nos predestinou de antemão para a adoção (cf. Ef 1,5), fez-nos conformes ao corpo glorioso de Cristo. Tendo vindo a ser participantes de Cristo (cf. Hb 3,14), vos chamais 'cristos', não sem razão [...]. Sois verdadeiramente imagens de Cristo."[20]

Sacerdote, profeta e rei

Ao sermos enxertados em Cristo, participamos de sua condição de sacerdote, profeta e rei. Necessariamente, ser cristão é participar ativamente daquilo que Cristo é e da missão que protagonizou neste mundo quando esteve entre nós.

O povo saído das águas batismais é designado pela Primeira Carta de Pedro e pelo Apocalipse com predicados que o Antigo Testamento

---

[20] CIRILO DE JERUSALÉM. *Catequeses mistagógicas*. Petrópolis: Vozes, 2004. p. 37. Catequese mistagógica III, 3.

(Ex 19,6; Is 61,6) reservava ao povo judaico: "sacerdócio santo, a fim de oferecerdes sacrifícios espirituais"; sacerdócio régio" para anunciar os louvores de Deus (cf. 1Pd 2,5.9); "reino de sacerdotes" (Ap 1,6; 5,10; 20,6). A unção foi relacionada com esse efeito e convida a sublinhar o protagonismo do Espírito Santo na emergência dessa tríplice missão. Ele mesmo é a unção com a qual são ungidos os cristãos; ele os capacita para o cumprimento das tarefas que lhes são encomendadas.

A primeira experiência do mistério de Cristo no Batismo deixa-nos marcados para a vida com um carimbo; a referência fundamental da vida cristã será, de agora em diante, a relação de Cristo com este aconteci-mento. A espiritualidade do batizado precisa ser acima de tudo cristã: inteiramente sob a influência de Cristo, de sua vida, graça, seu Espírito e sua missão. Isso quer dizer que o traço principal da vida cristã deriva da experiência batismal. O mistério pascal vivido pela primeira vez no Batis-mo transformou-se no fundamento da vida cristã. Supõe-se que o batiza-do vive a Páscoa de Cristo cada vez mais real e plenamente.

No grande chamado que o Batismo sempre é, todos os batizados são convocados a participar na totalidade da missão de Cristo e da Igreja, isto é, em sua tríplice função messiânica: participar ativamente na evan-gelização, no serviço sacerdotal das celebrações litúrgicas e no serviço da caridade, comprometendo-se na luta por uma sociedade mais justa e fraterna.

Aqueles que no Batismo foram revestidos de Cristo (cf. Rm 13,14; Gl 3,27) têm a obrigação de segui-lo e imitá-lo. O seguimento de Cristo é uma exigência do Batismo. Podemos considerar o transcurso da vida cristã como o tempo do exercício do discipulado, no qual vivemos da graça inicial do nosso Batismo, quando nos encontramos sacramental-mente com o Senhor e somos definitivamente configurados em sua mor-te e ressurreição. Assim, o discipulado/seguimento é o desenvolvimento efetivo da vida batismal como aprendizado e familiaridade com o Mestre, que nos chamou e nos associou a si mesmo, ao doar o seu Espírito de Ressurreição.

É pelo Batismo que o povo cristão tem o direito e o dever de parti-cipar da liturgia. O exercício do sacerdócio de Cristo na liturgia promove, necessariamente, a participação, comunhão, sinergia do fiel com a Trin-dade, com o objetivo de fazer crescer a vida cristã entre os fiéis. A ação celebrativa desencadeia tal cooperação entre a Trindade e o fiel, pois o mesmo Espírito segue em sua vida depois da celebração e leva-o a desenvolver seus frutos. A vida nova no Espírito somente poderá gerar um comportamento coerente com o dom recebido e presente na vida do fiel.

A prática celebrativa da liturgia será a forma ordinária de viver integralmente a graça de nossa incorporação progressiva em Cristo. Pela liturgia, o cristão manifesta sua relação de filiação e comunhão com a Trindade, assumindo o mistério de salvação. Portanto, a celebração litúrgica, maximamente a dominical, constituirá o lugar do encontro com Cristo e da recepção da graça que, por obra do Espírito Santo, nos transforma em filhos de Deus Pai. Por sua vez, é o lugar do culto de adoração e louvor em espírito e verdade (cf. Jo 4,23).

A liturgia fundamenta a obra de santificação pessoal pelo dom do Espírito. A santidade cristã consiste em conhecer Cristo e assimilá-lo na própria existência, como processo de configuração ou divinização. A liturgia é sempre memorial do mistério de Cristo, faz-nos reviver sua pessoa e sua obra, e pela ação do Espírito introduz-nos em seu dinamismo pascal, levando a termo sua obra de redenção e sua comunicação de graça.[21] Toda a vida do cristão deve ser levada à celebração, sem fazer dicotomias entre o momento da celebração e o resto de sua existência.

A espiritualidade litúrgica apresenta-se como a forma mais adequada e concreta de viver a graça sacramental da iniciação cristã, prolongada no tempo mediante a renovação da participação no mistério pascal por meio da celebração eucarística, celebrada ao longo do ano litúrgico e acompanhada pela oração das horas, como progressiva conformação em Cristo.

Para compreender melhor

1. Como você tomou consciência do seu chamado para a vida do Reino?
2. O seguimento do chamado traça o rumo de nossa missão neste mundo. A que o Senhor o chama? Este é o real sentido de fazer a vontade do Pai?
3. Como você vê o papel da mulher na Igreja hoje?

---

[21] Cf. CONCÍLIO VATICANO II. *Sacrosanctum Concilium*, n. 7, 10, 14.

4. Como ligar o sentido de vocação batismal e o chamado pessoal de Cristo?
5. Leia o texto sobre o martírio e reflita com o grupo sobre as consequências de ter sido chamado por Jesus.

Martírio

A *Martys*, uma palavra que significa *testemunha*, recebeu um sentido exclusivamente cristão a partir do século II. *Especificará o cristão que sofre e morre por causa da fé.* Ele suscitou o estupor na sociedade do tempo. Considerado como *religião ilícita*, o cristianismo era, por isso mesmo, perseguido.[22]

Na Igreja dos três primeiros séculos, a fidelidade ao seguimento do Evangelho soava tão forte, tão verdadeira e tão irresistível, que nem as feras e os tormentos do martírio foram capazes de abalar e arrefecer o ânimo daquelas conversões. A consciência dizia mais alto diante das prepotentes autoridades romanas, porque a luz da verdade brilhava com todo esplendor.

Os mártires são portadores do Espírito. Os mártires intercedem pelos vivos, pois estão juntos do Senhor. Para os *não cristãos* o martírio é visto seja com indiferença e desprezo, seja com aberta admiração, que podia mesmo levar à conversão; pois a segurança dos mártires suscitava o interesse dos pagãos.

Tertuliano confessa: "Quem, com efeito, diante do espetáculo dado pelos mártires, não é incitado a perguntar-se o que esteja por detrás de sua confissão? E quem, uma vez que tenha buscado 'esta força', não adere, e uma vez que aderiu, não deseja também sofrer?".[23] Numerosos, também, são os testemunhos dos espectadores e carrascos que se convertem pelo testemunho dos mártires. Hipólito escreve: "Todos, à vista destes prodígios, ficam cheios de estupor... e um grande número,

---

[22] Cf. LOPES, Geraldo. *Patrística pré-nicena*. São Paulo: Paulinas, 2014. p. 107-110.

[23] TERTULIANO. *Apologeticum* 50,15. In: CPL 3; *PL* 1,257-536A; [*CCL* 1, 85-171, éd. E. Dekkers (1954)].

atraídos pela fé dos mártires, se tornam também eles mártires de Deus".[24] Torna-se verdade a afirmação de Tertuliano: "quanto mais nos maltratais, mais nosso nome cresce: nosso sangue é uma semente de cristãos e cristãs".[25]

A *Carta a Diogneto* completa o pensamento: "Não vês como são lançados às feras a fim de obrigá-los a renegar seu Senhor e não se consegue vencê-los? Não vês como, quanto mais os castigas à morte, mais se multiplicam? Estas coisas não têm marcas de mãos humanas; elas pertencem ao poder de Deus; elas são provas de sua presença".[26]

Ao longo da história da Igreja, a realidade do martírio esteve sempre na vida dos cristãos. A começar dos apóstolos que testemunharam com o próprio sangue a verdade do que anunciaram, a Igreja sempre valorizou o Batismo de sangue como o ato supremo da fé em Cristo; prova cabal da ação do Espírito naqueles que desprezaram suas vidas por Cristo.

---

[24] HIPPOLYTE DE ROME. *Commentaire sur Daniel (In Danielem)*, 2,48 [trad. Maurice Lefévre; intr. Gustave Bardy, SC 14, Les Éditions du Cerf, Paris, 1947].

[25] TERTULIANO. *Apologéticum* 50,13.

[26] DIOGNETO VII 7-9. In: PADRES APOLOGISTAS...

4 Jesus forma os discípulos

Os discípulos convivem com o Mestre e começam a entender o mundo com o olhar de Jesus. Essa é a grande transformação. No seu tempo, Jesus causou impacto e revolucionou pela liberdade com que agia diante dos preceitos da Lei; "seu amor e obediência filial ao Pai, sua compaixão entranhável ante a dor humana, sua proximidade aos pobres e aos pequenos, sua fidelidade à missão, seu amor serviçal até à doação de sua vida".[1] Tal conjunto de atitudes mostra o estilo de vida que o fiel irá desenvolver ao começar a seguir o Mestre.

Jesus inaugura uma experiência do Reino que recupera as pessoas, restituindo-lhes sua integridade, sua saúde, sua força, sua dignidade. A salvação do Reino não é limitada à alma, mas significa a integridade da pessoa toda, possibilitando sua participação na sociedade. É neste sentido que, por meio da palavra e dos seus gestos, a pessoa aparece como o centro de sua mensagem e de sua prática. Tudo gira em torno daquilo que a pessoa deve ser a partir de sua dignidade. É nesse contexto que as mulheres, como um grupo humano que integra um grupo maior de excluídos e marginalizados, são convocadas por Jesus Cristo para participar da assembleia do Reino.

"Como realização máxima do humano, somente Cristo pode revelar ao ser humano o próprio ser humano. Ele é a verdade do ser humano: seguindo-o, encontra este a imagem de Deus, segundo a qual fora criado e que havia sido desfigurada pelo pecado: a imagem do ser humano-para-os-outros. Jesus mostra que só no relacionamento fraterno de entrega da própria vida em favor dos irmãos é que o ser humano encontra sua verdade."[2] Em Cristo, o ser humano redescobre o sentido de ser pessoa para os outros, com capacidade de entregar a vida e de construir fraternidade.

---

[1] *Documento de Aparecida*, n. 139.
[2] CNBB. *A verdade vos libertará*. Texto-base, 1982, p. 14.

A fascinante e ao mesmo tempo consequente formação dos discípulos para descobrirem, de fato, quem é o Mestre, qual o seu projeto de vida e qual o destino que lhes apontava durou o tempo de convivência com ele. Depois se alargou por toda a vida deles, na medida em que pela oração, pregação e convivência comunitária fizeram do caminho de Jesus o seu próprio modo de viver.

Até hoje, entendemos a formação como um "processo permanente de amadurecimento na fé e na missão na comunidade dos discípulos, entendida como caminho de adesão e testemunho crescente de Jesus e sua Palavra. A formação é exigência do Batismo que submerge o batizado na vida trinitária, a qual deve se desenvolver até alcançar sua plenitude, e isto exige educação permanente. A vida divina se renova com o sacramento da Reconciliação e se alimenta e testemunha com os sacramentos da Eucaristia e da Confirmação".[3]

A centralidade do Reino

A encarnação de Jesus, o Filho de Deus, inaugura um novo tempo. A chegada do Reino acontece com a entrada do Filho de Deus na história. No evangelho de Marcos, o Reino é inaugurado como Boa-Nova proclamada por Jesus Cristo. "Depois que João foi preso, veio Jesus para a Galileia proclamando o Evangelho de Deus: 'Cumpriu-se o tempo e o Reino de Deus está próximo. Arrependei-vos e crede no Evangelho'" (Mc 1,14-15). A proclamação do Evangelho, cujo conteúdo é o Reino, acontece como cumprimento do tempo de Deus no tempo da história. O tempo está maduro e completo, e temos acesso à salvação que Cristo nos veio trazer. A eternidade de Deus se realiza no aqui e agora de nossa história. Nada pode ultrapassar esta realidade última, definitiva e transformadora.[4]

Jesus Cristo é colocado na sequência da missão de João Batista, profeta da passagem do Antigo para o Novo Testamento. Mas há uma novidade radical que se denomina "Evangelho" (de Deus e sobre Deus):

---

[3] SILVA RETAMALES, Santiago. *Discípulo de Jesus e discipulado segundo a obra de São Lucas*, p. 6.

[4] Seguimos: PRATES, Lisaneos. *Fraternidade libertadora*: uma leitura histórico-teológica das Campanhas da Fraternidade da Igreja no Brasil. São Paulo: Paulinas, 2007. p. 142-163.

é o Reino. Jesus Cristo, por meio de sua palavra, realiza o Reino porque sua pessoa é a própria Palavra eterna do Pai entre nós (cf. Jo 1,1). Essa Palavra, agora encarnada na história na pessoa dele, é o meio concreto da chegada do Reino.

O Reino de Deus é a pessoa de Jesus e sua mensagem, que são inseparáveis. Nele, o Reino é dado gratuitamente (Mt 21,34; Lc 12,32), é deixado em herança (Mt 25,34; Lc 22,29). O Reino, colocado ao alcance do ser humano por meio de Jesus Cristo, implica "arrependimento" ou "conversão", que nesse contexto significa mudança pessoal e comunitária de tudo que não combina com sua proposta. É a retomada da construção da vida pessoal e social no horizonte do Reino. E a mudança significa adesão e compromisso com o novo que irrompe com a proclamação do Evangelho de Deus. "Todos os homens são chamados a entrar no Reino. Para ter acesso a ele, é preciso acolher a palavra de Jesus."[5]

Em Mateus, a irrupção do Reino de Deus acontece com Jesus. Ele percorre toda a Galileia "ensinando em suas sinagogas, pregando o Evangelho do Reino e curando toda e qualquer doença ou enfermidade do povo" (4,23). Jesus, o Mestre por excelência do Reino, prega não com um ensinamento teórico, mas com a vida. Seu ensinamento promove a vida à medida que promove a dignidade das pessoas.

A mensagem do Reino de Deus é o conteúdo e a prática que estão no centro da missão de Jesus Cristo. "O jeito de Jesus revelar e construir o Reino inspira não só o jeito de viver, mas também o jeito de evangelizar. Ele se dirige a todos, mas tem sua preferência pelos mais pobres; fala às multidões, com milagres e parábolas, mas é no pequeno grupo dos discípulos, pobres pescadores – categoria marginalizada! – que forma aqueles que continuariam sua missão."[6]

Jesus não definiu o que era o Reino, mas mostrou concretamente a sua realização com sinais de afirmação da vida sobre o pecado, a morte, a fome, a pobreza, o preconceito, as forças do mal... Por isso, não encerra o conceito do Reino numa simples definição. O Reino de Deus, pregado e vivido por Jesus, não designa apenas um estado de coisas ou de espírito. Significa, sobretudo, uma ação de Deus atuando na vida

---

[5] Cf. *Catecismo da Igreja Católica*, n. 543; cf. também os n. 541-556.

[6] CNBB. *Juventude – Caminho aberto*. Texto-base, 1992. n. 131.

pessoal e social do ser humano, de tal forma que seja o valor supremo, o realmente absoluto da vida humana.

Os pobres revelam o Reino

No horizonte do Reino de Deus, quem são os destinatários preferenciais do anúncio e da prática de Jesus Cristo?

Nesse sentido, em 1979, os bispos afirmaram em Puebla: "[...] os pobres são os primeiros destinatários da missão e sua evangelização é o sinal e prova por excelência da missão de Jesus". Na sinagoga de Nazaré, ele o proclama (cf. Lc 4,18); aos discípulos seguidores de João Batista que perguntavam se ainda deviam esperar outro mensageiro de Deus, ele responde: "Ide contar a João o que vistes e ouvistes: os cegos veem, os coxos andam, os leprosos ficam limpos, os surdos ouvem, os mortos ressuscitam, a Boa-Nova é anunciada aos pobres" (Lc 7,22). Dizendo que a Boa-Nova é anunciada aos pobres, Jesus tira os pobres da marginalização religiosa e social em que se encontram.[7]

"Jesus anunciava a Boa-Nova do Reino para todos. Não excluía ninguém. Oferecia um lugar aos que não tinham vez na convivência humana. Recebia como irmão e irmã aqueles que o sistema religioso e a sociedade desprezavam e excluíam: prostitutas e pecadores (cf. Mt 21,31-32); pagãos e samaritanos (cf. Lc 7,2-10); leprosos e possessos (cf. Mt 8,2-4;); mulheres, crianças e doentes (cf. Mc 1,32); publicanos e soldados (cf. Lc 18,9-14); e muitos pobres (cf. Mt 5,3)."[8] Por isso, o evangelista Lucas registra: "Todos os publicanos e pecadores aproximavam-se de Jesus para o escutar. Os fariseus e os escribas, porém, murmuravam contra ele. 'Este homem acolhe os pecadores e come com eles'" (15,1-2).

Diante de uma concepção de Deus que exclui os pobres, ele concebe Deus como sendo aquele que inclui os pobres e a todos no projeto do Reino. Promovendo a dignidade de cada pessoa, libertando-as de tudo aquilo que diminui sua vida. As pessoas doentes eram tidas como amaldiçoadas por Deus por causa de seu pecado; os pobres também

---

[7] Cf. CNBB. *Pão para quem tem fome*. Texto-base, 1985. n. 65. *Documento de Puebla*, n. 1142.

[8] CNBB. *Comunidade de comunidades*: uma nova paróquia. São Paulo: Paulinas, 2014. n. 69. Documentos da CNBB 100.

eram vistos como pessoas privadas da graça de Deus. Ambos, doentes e pobres, eram colocados à margem da sociedade. A chegada do Reino de Deus supera todo tipo de exclusão. Os pobres passam a ser vistos como os preferidos de Deus.

Saltam aos olhos o sentido das bem-aventuranças evangélicas confrontado com o ideal de realização e de sucesso comumente apregoado na sociedade. "O Reino subverte a lógica deste mundo. É um Reino dos pobres, onde os que têm fome serão saciados, os que choram rirão (Lc 6,20-26). Diante da realidade do Reino, todos são convidados a partilhar seus bens (Lc 12,33-34), a fazer do necessitado o próximo (Lc 10,29-37). A parábola do juízo final (Mt 25,31-46) indica claramente o critério fundamental que leva à pertença ao Reino: a solidariedade com os marginalizados traduzida em gestos concretos. O Reino interpela, exige fraternidade e justiça."[9]

A consequência direta desta atitude radical de Jesus leva o discípulo a tornar-se parceiro na luta dos pobres pela inclusão em todos os níveis e a combater todo tipo de preconceito e de desumanização presentes na sociedade. A convocação para tomar parte do Reino é universal. O banquete do Reino é para todos. A radicalidade do compromisso de Cristo com a pobreza ganha seu significado maior na pobreza da sua morte de cruz.

A conversão para os pobres torna-se um traço essencial no seguimento do Senhor. Daí as atitudes concretas que caracterizarão o discípulo: aproximação e contato com as duras realidades dos excluídos, humildade no trato com eles, compaixão e solidariedade para minorar seus sofrimentos. E no campo pessoal, o discípulo inicia o embate com o consumismo desenfreado, o exibicionismo de marcas e a valorização das pessoas baseada na aparência e no poder social. Vale o que já foi observado: "o saber a gente aprende com os mestres e com os livros. A sabedoria se aprende é com a vida e com os humildes" (Cora Coralina).

---

[9] CNBB. *Justiça e paz se abraçarão!* Texto-base, 1996. n. 126.

Já presente e ainda não plenamente

O reinado de Jesus se contrapõe à inveja do mundo que privilegia os fortes e poderosos e cultua a fama e as aparências. Por isso, ele diz a Pilatos: "Meu Reino não é deste mundo" (Jo 18,36a). O Reino se desdobra numa perspectiva de instauração do projeto de Deus Pai no coração do mundo, dentro da história, a partir da realidade social.

"Ele é totalmente novo. Essa novidade radical lhe dá um caráter conflitivo, uma característica de inconformidade com a situação vigente, uma oposição aos reinos do mundo. Tal marca de conflito que o Reino de Deus traz é radicalmente espiritual e, ao mesmo tempo, tem profundas dimensões e implicações sociais e políticas."[10] O Reino acontece ao longo de nossa caminhada histórica e se opõe a tudo aquilo que na sociedade impede nossa fraternidade.

O Reino já se faz presente entre aqueles que lhe fazem caso e procuram viver segundo o jeito que Jesus agiu neste mundo. Já está entre nós e é dom do Pai (cf. Lc 17,21), mas é sempre objeto de esperança. Na oração do Pai-Nosso, Jesus nos ensina a apressar a sua vinda, para que seja cada vez mais pleno neste mundo: "Venha o teu Reino" (Lc 11,2), e clamamos na celebração eucarística: "Anunciamos tua morte e proclamamos tua ressurreição, vem, Senhor Jesus – *maranathá* (Ap 22,20)".

Jesus inaugura o Reino promovendo a vida; por isso, ele, o Messias: cura leprosos e doentes, recupera a vista dos cegos, expulsa demônios, perdoa pecados, abençoa crianças, ressuscita mortos... Sinais estes que antecipam o Reino em nosso tempo e apontam para a sua plenitude na Jerusalém Celeste.

"Jesus tem um objetivo e um projeto claro: o Reino de Deus. É a sua experiência de união com o Pai que o leva a viver e a propor um jeito totalmente novo de ver, pensar, agir e organizar as relações entre as pessoas. E tudo isso ele manifestou em si mesmo. Mas essa presença do Reino é ainda como fermento e semente: exigem acolhimento e o esforço do homem e da mulher para poderem crescer (Mt 13,21-33), o que exige conversão dos corações e mudança das estruturas injustas."[11]

---

[10]   CNBB. *Terra de Deus, terra de irmãos*. Texto-base, 1986. n. 127.

[11]   CNBB. *Juventude – caminho aberto*. Texto-base, 1992. n. 129.

A realidade do Reino e a prática missionária de Jesus mostram uma forma de vida e de atuar no mundo. Alguns são capazes de se encantar com ela, outros de ignorá-la, quando não de rejeitá-la.

Livremente, acolhemos e fomentamos o Reino nas ações que revelam o Espírito de Cristo: os tratados e missões de paz, as políticas em favor dos grupos minoritários e do meio ambiente, a luta pela cidadania, pela dignidade humana… No âmbito de nossas comunidades os sinais tornam-se ainda mais evidentes porque as pessoas atuam movidas pela fé no Senhor, como: nos mutirões comunitários para construção de casas, na ação solidária em situações de emergência, na organização do povo para a defesa dos direitos. Ou mesmo individualmente quando, sem esperar a mínima recompensa, o cristão coloca em ação a caridade operosa e inteligente em favor de terceiros.

A parábola do tesouro escondido deixa bem clara a preeminência do Reino sobre qualquer outra realidade humana. "O Reino dos Céus é como um tesouro escondido num campo. Alguém o encontra, deixa-o lá bem escondido e, cheio de alegria, vai vender todos os seus bens e compra aquele campo" (Mt 13,44). Tal como a pérola preciosa, para adquirir o Reino é preciso vender tudo. Ele está em primeiro lugar e todas as outras coisas serão dadas por acréscimo (cf. Mt 6,33).

Ensinamentos: parábolas

Jesus tinha um jeito bem próprio de ensinar por meio de parábolas. A temática das parábolas é inseparável do conteúdo do Reino de Deus. Por um lado, elas traduzem em palavras a proposta do anúncio do Reino e, por outro lado, inauguram a forma nova à prática da fraternidade universal. Cumprem, assim, a função pedagógica de ensinar o caminho a Deus-Pai.

Certamente, Jesus não frequentara a escola superior de Jerusalém (cf. Jo 7,15). Vinha do interior, de Nazaré. Era um desconhecido, meio camponês, meio artesão. Para Jesus, a experiência que o povo tinha da vida era um meio para descobrir a presença do mistério de Deus em suas vidas e criar coragem para não desanimar na caminhada. O povo ficava admirado com sua pregação ligada ao cotidiano da vida (cf. Mc 12,37).

Jesus encontrava imagens bem simples para comparar as realidades invisíveis e desconhecidas do Reino com as coisas que o povo conhecia e experimentava na sua luta diária pela sobrevivência: sal, luz, semente, crianças e pássaros… Jesus recolhia da sua experiência no campo os elementos da maioria das parábolas para mostrar como vivia o Reino de Deus, um Reino gratuito, dado a todos.

Jesus utilizava o método narrativo e sapiencial que encontramos tantas vezes na Bíblia. Ensinava de forma interativa, pergunta e permite que o outro tire suas próprias conclusões; dessa forma, levava as pessoas a participarem da descoberta da verdade. Quando terminava de contar uma parábola, Jesus não a explicava, mas costumava dizer: "Quem tem ouvidos para ouvir, ouça!". O que significava: "É isso! Vocês ouviram. Agora, tratem de entender!". De vez em quando, ele explicava para os discípulos. O povo gostava desse jeito de ensinar, porque Jesus acreditava na capacidade deles de descobrir o sentido das parábolas.

Cada uma delas apresenta a forma estonteante de Deus agir e o novo jeito de ser daquele que aceitou seguir Jesus. Não será por menos que o filho mais velho, da parábola do pai misericordioso, irá revoltar-se (cf. Lc 15,11-32). O filho mais novo, depois de gastar toda a herança, volta esfarrapado para casa e, "quando ainda estava longe, seu pai o avistou e foi tomado de compaixão", e antes de dizer as palavras de arrependimento que havia ensaiado, o pai se adiantou e "correu-lhe ao encontro, abraçou-o e o cobriu de beijos" (v. 20). E os gestos do pai não pararam aí:

mandou trazer a melhor túnica, o anel, as sandálias, e matar o novilho gordo para a festa. Novamente, o rapaz foi readmitido na condição de filho. O amor do pai antecedeu o pedido de perdão do filho. Jesus é o revelador desse amor do Pai. Por isso, seus gestos curam, devolvem a dignidade, afastam todo mal e o fazem agir com a mesma misericórdia do Pai.

Como entendemos o critério de justiça aplicado aos trabalhadores diaristas, quando o trabalhador contratado na última hora recebeu salário igual àquele que trabalhou a jornada completa? Somente por revelação conseguimos compreender a misericórdia como a expressão mais exata da justiça divina (Mt 20,1-16). "Sede misericordiosos como vosso Pai é misericordioso" (Lc 6,36).

As parábolas do perdão nos tiram o fôlego. O patrão perdoa uma dívida vultosa e, por sua vez, o que foi perdoado não perdoou o mínimo de seu devedor. E perguntado de quantas vezes deveria perdoar, Jesus respondeu intempestivamente: "Digo-te, não até sete vezes, mas até setenta vezes sete vezes" (Mt 18,22). Tal expressão quer dizer infinitamente. O perdão, a reconciliação ou a paz nas relações humanas é a característica mais marcante da prática de Jesus. Sua missão consiste em reconciliar o gênero humano com Deus, isto é, vencer o ódio, a violência, enfim, toda forma de pecado.

A parábola dos talentos (Mt 25,14-30) nos faz corar quando avaliamos nossa pouca correspondência à graça e aos dons com que fomos presenteados. Não confiamos na amizade do Pai para seguirmos adiante aperfeiçoando os dons que temos, mas preferimos, tantas vezes, optar pelo nosso amor-próprio, por fechar-nos em nossa timidez, pois, assim, justificamos nossa atitude de cruzar os braços.

A parábola do bom samaritano (Lc 10,25-37) divide águas. O objetivo de Lucas é mostrar à comunidade e às suas lideranças como devem viver e agir de acordo com a vontade de Deus. Duas pessoas pertencentes à classe religiosa, tanto o levita quanto o sacerdote, passaram ao largo daquele ferido pela violência dos bandidos. Estavam muito possivelmente cheios de doutrinas religiosas, mas vazios de prática. A religião que eles fomentavam no coração não os ajudava a viver solidariamente. Eles não tinham condições de romper com a invisibilidade que marcava a vida do próximo.

No verso 33 a parábola toma um rumo inesperado. Jesus escolhe um samaritano para cumprir o mandamento do amor. Os samaritanos eram considerados mestiços e não eram bem-vistos pelos judeus nos dias de Jesus. O relacionamento entre esses dois grupos – judeus e samaritanos – havia chegado a um máximo de tensão, quando os samaritanos profanaram o pátio do Templo, espalhando nele ossos humanos, por ocasião de uma festa pascal. Existia um ódio mortal entre eles que não permitia nenhum tipo de reconciliação. A escolha de Jesus por um samaritano nos ensina que o mandamento do amor não conhece limites.

Já aquele considerado inimigo e de má fama por pertencer a um povo desprezado, esse sim responde corretamente à pergunta: quem é o meu próximo? E desta forma cumpre o mandamento já prescrito no Antigo Testamento. Nos versos 34-35 lemos em detalhes a ação misericordiosa e solidária do samaritano.

O critério de moral oriundo das parábolas é imbatível. Mais uma vez os preconceitos são superados e se mostram vazios, como no caso do samaritano e da ovelha perdida, ou dos convidados para o banquete. O inusitado ensino de Jesus, realmente, produz vida nova, pois somente a pessoa amparada por seu Espírito conseguirá alcançar o sentido pleno da vida e vislumbrar a felicidade.

Não há lugar no coração do samaritano para o preconceito.
O preconceito faz com que surjam muros que nos separam uns dos outros.
Mas o amor faz com que solidariamente construamos pontes em direção ao próximo.

Crescimento da fé dos discípulos[12]

Seguindo o capítulo 4 do evangelho segundo Marcos, os discípulos, quando estão a sós, fazem perguntas a Jesus sobre o sentido das parábolas (v. 10); especificamente aqui Jesus tinha terminado de contar a parábola do semeador.

As parábolas poderão ser entendidas à medida que os discípulos se abrirem aos mistérios do Reino. "A vós é confiado o mistério do Reino de Deus" (v. 11a). Jesus revela o sentido das parábolas somente aos que têm fé. A partir da pregação de Jesus e com o chamado dos primeiros discípulos, o Reino começou a crescer neles. Assim como mostram as parábolas da semente e do grão de mostarda; o crescimento do Reino de Deus em quem o acolhe começa como algo aparentemente insignificante, porém, chega a ser o maior e essencial nele.

Os primeiros chamados a acolher este Reino são os discípulos e especificamente o grupo dos Doze; neles se leva a cabo algo grandioso: Jesus entrou em suas vidas e daí para a frente terão de crescer neles sua acolhida e a compreensão de sua palavra. Entendemos, então, que o discipulado é um processo que começa com um chamado e uma resposta, mas que se desenvolve mediante a instrução e uma íntima comunhão com Jesus.

No caso da parábola da semente, não nos podemos esquecer de que a semente/Palavra é Jesus Cristo. O tipo de terreno do nosso coração determinará o êxito do seu crescimento. "O que caiu em terra boa são aqueles que, ouvindo com um coração bom e generoso, conservam a Palavra e dão fruto pela perseverança" (Lc 8,15).

Jesus nos ensina que o seu seguidor necessita desenvolver três atitudes básicas: *ouvir*, *guardar* e *frutificar*. De nada vale uma atitude sem as outras duas e, além disso, uma nunca é mais importante do que a outra. As três fazem parte de um mesmo e só processo e resumem a condição de ser discípulo. Produzimos frutos à medida que ouvimos a Palavra e a colocamos em prática, segundo a medida de nossa adesão e confiança no Senhor.

---

[12] Seguimos: MARTÍNEZ ALDANA, H. *O discipulado no Evangelho de Marcos*. São Paulo: Paulinas/Paulus, 2005. p. 36-38.

Lucas vai pintar os traços da figura de Maria, a Mãe de Jesus. Mostra que ela tem exatamente as qualidades que caracterizam o seguidor de Jesus. Maria *ouve* a Palavra de Deus com fé, *guarda* no coração e a *põe em prática*.

No evangelho segundo Marcos, os discípulos se destacam pelo interesse que colocam nas palavras de Jesus: procuram entendê-la, pedem explicações suplementares quando não entendem alguma coisa; todavia, Jesus não aceita sua incompreensão (Mc 4,13; 7,18). Observemos que Jesus lhes responde, levando-os a uma melhor compreensão de suas palavras (Mc 4,10-25.33; 7,17-23; 9,28s; 10,10-12). Jamais rejeita suas perguntas, enfatizando, assim, a união particular que existe entre ele e seus discípulos e o interesse de que seus ensinamentos sejam assimilados.

"Jesus lhes anunciava a palavra usando muitas parábolas como estas, de acordo com o que podiam compreender. Nada lhes falava sem usar parábolas. Mas, quando estava a sós com os discípulos, lhes explicava tudo" (Mc 4,33-34).

No evangelho segundo Mateus,[13] os discípulos são vistos com várias falhas, mas também se evidencia o processo de progresso no disci-

---

[13] Cf. CASTAÑO FONSECA, Adolfo M. *Discipulado e missão no Evangelho de Mateus*. São Paulo: Paulinas/Paulus, 2005. p. 93-100.

pulado, para o qual o ensinamento de Jesus é absolutamente necessário. Os discípulos representam aqueles que, ao longo do tempo, receberão e conseguirão entender a mensagem de Jesus, mas também aqueles que serão capazes de colocá-la em prática (cf. 7,21-27). Em vários lugares Jesus censura os discípulos por causa de sua pouca fé (8,26; 14,31; 16,8; 17,20), de suas dúvidas (14,31; 28,17), chega até a falar de falta de fé (21,21).

Em Mateus, os discípulos recebem com mais frequência instruções especiais que em qualquer outro evangelho. Isto significa que eles não raro falham na compreensão, mas finalmente conseguem entender a explicação de Jesus (13,51). É importante que no final, depois da instrução, entendam. Isto se encaixa perfeitamente em 15,16 e em 16,19, onde se diz expressamente que os discípulos "ainda" não haviam entendido. Cada caso é seguido de uma instrução que remove sua falta de fé. Assim, diz--se em 16,12 e em 17,13 que eles agora entenderam, depois da instrução exaustiva de Jesus.

Para nós, seguidores de Cristo, torna-se consolador constatar as dificuldades deles para compreender o ensinamento e, muitas vezes, a pouca fé dos discípulos registrada nos evangelhos. Assim, tomamos consciência de que o seguimento do Senhor comporta um longo aprendizado para alcançar os segredos do Reino, formar um coração misericordioso e fugir da mentalidade do mundo.

Cumprimento e superação da Lei

Os discípulos tiveram que aprender muito com Jesus, pois sua pregação não se detinha nos preceitos da Lei. Naquela época, o discípulo buscava um mestre com a finalidade de tornar-se um especialista na Lei. Jesus era reconhecido como Rabi, Mestre, e apresentou sua interpretação própria da Lei. Eles, na sua grande maioria pessoas com pouco estudo, não foram convocados para algo (purificar-se, aprender a Lei...), mas para Alguém; foram escolhidos para se vincularem intimamente à Pessoa dele (cf. Mc 1,17; 2,14).

Jesus falava a partir de sua própria experiência, o que contrastava com o ensino dos escribas e fariseus que se limitavam a citar os textos e repetir as interpretações já dadas por algum mestre. Por isso, os discípulos perceberam logo que Jesus falava com autoridade, porque era o primeiro a viver o que ensinava e seu ensinamento era atestado com milagres, curas e atitudes de inclusão dos pobres. Podemos avaliar a reviravolta que acontecia na cabeça daqueles homens e mulheres e o esforço que faziam para compreender tal novidade.

Jesus sentencia o valor absoluto da lei e compartilha as doutrinas e práticas religiosas do seu tempo: "a ressurreição dos mortos, as formas de piedade (esmola, jejum e oração) e o hábito de dirigir-se a Deus como Pai, a centralidade do mandamento do amor a Deus e ao próximo".[14]

O evangelho segundo Mateus foi escrito para cristãos oriundos do judaísmo e busca mostrar que a revelação por Deus no Antigo Testamento não só está vigente, mas guarda "continuidade" e exige "superação" pela mensagem de Jesus. Mateus 3,15 define a missão do Messias: "convém cumprir toda a justiça", o que está perfeitamente conectado com aquelas realidades antigas. Com estes termos programáticos, o evangelista sintetiza o objetivo principal que Jesus vem realizar: levar à plena realização tudo o que foi previsto pelo Pai celestial. A justiça que Jesus veio realizar se situa no âmbito da salvação divina.[15]

No âmbito do Antigo Testamento, a justiça consiste, sobretudo, em uma relação bilateral entre Deus e seu povo. Assim, a "justiça" divina acontece quando o Senhor salva quem ele escolheu gratuitamente e, ao mesmo tempo, compete ao povo dar resposta positiva à ação salvadora.

De outra parte, Jesus oferece ensinamentos que superam a Lei, ele é alguém "mais do que Jonas" (Mt 12,41). O sermão da montanha apresenta claramente o que significa o novo e definitivo período da história, inaugurada pelo Filho, reavaliando e redimensionando o valor da Lei de tudo o que implicou o primeiro período, mas, ao mesmo tempo, deixando claras a superação e a plenitude da época messiânica. No sermão da montanha, Jesus instrui os discípulos, da maneira mais clara e aberta, sobre qual é a identidade e a missão dos que decidiram segui-lo.

Isto explica a aparente contradição entre a permanência até de "um só i, uma só vírgula da Lei" (cf. 5,18) e o "ouvistes que foi dito aos antigos,

---

[14] *Catecismo da Igreja Católica*, n. 575.

[15] Neste tema, seguimos: CASTAÑO FONSECA, Adolfo M. *Discipulado e missão no evangelho de Mateus*. São Paulo: Paulinas/Paulus, 2007. p. 13-14, 16, 34.

eu, porém vos digo" (cf. 5,21.27.31.33.38.43). Também explica por que Jesus não pede a seus discípulos uma atitude "diferente" da dos escribas e fariseus, mas uma "justiça maior" (cf. 5,20) para entrar no Reino dos Céus; isto é, o Messias não exige que os seus mudem essencialmente o seu agir, *mas que superem a práxis de tais membros do povo judeu.*

Ao ser aplicada aos discípulos, na vivência da "justiça", com tudo o que ela significa no contexto do evangelho segundo Mateus, fica manifesto claramente que: permanecer unido a Jesus é a característica básica que distingue o discípulo neste evangelho.

A justiça que o Senhor vem cumprir comporta uma nova forma de vida e uma nova relação com Deus e com os outros seres humanos, mediante novas atitudes. Jesus muda aquela mentalidade legalista que coloca a Lei como norma suprema. Para ele, a vida humana está acima dela. Por isso, faz curas e colhe espigas para matar a fome em dia de sábado. "O sábado foi feito para o homem, e não o homem para o sábado" (Mc 2,27). A Lei foi estabelecida para que encontremos a felicidade, a salvação. Mas, se começa a oprimir e sufocar, perde sua razão de ser.

Os fariseus valorizavam sobremaneira a observância religiosa da Lei com a prática de atos externos, em prejuízo das disposições do coração, o que os levava à convicção de serem justos diante de Deus por suas próprias ações. A parábola da oração do fariseu e do publicano (Lc 18,9-14) deixa bem claro que a justificação nos é dada por Deus, pelo mérito da sua misericórdia, e que as nossas boas obras são insuficientes para obter a justiça diante de Deus.

A observância estrita da Lei conduzia ao pecado, visto que somente a classe dos letrados e com recursos poderia observá-la. O povo, em sua maioria analfabeto, desconhecia suas interpretações e menos ainda tinha recursos para praticá-la, como pagar o dízimo e cumprir os sacrifícios no Templo de Jerusalém. Jesus denunciou a manipulação religiosa da Lei que reforçava a exclusão de pobres, iletrados, pecadores e pessoas de má fama por estarem impossibilitados de observar seus preceitos, e por isso estavam condenados a não alcançar a justiça divina.

Lembremo-nos de como Jesus:

- curou os leprosos afastados do convívio social;

- valorizou mais a pequena oferta da viúva diante da grande soma dos muitos ricos;

- tratou os publicanos, considerados pecadores públicos porque arrecadavam impostos para Roma; sentou-se à mesa com eles, visitou a casa de Zaqueu e buscou sempre a conversão deles;

- ampliou a compreensão do pecado e por isso libertou a mulher pega em adultério que ia ser apedrejada; acolheu a mulher pecadora que ungiu seus pés e os banhou com suas lágrimas...

A liberdade com que Jesus agia colocava-o acima dos limites da Lei. Estava atento ao movimento interior de conversão das pessoas, tinha compaixão e misericórdia delas. Daí afirmava: "o Filho do Homem veio procurar e salvar o que estava perdido" (Lc 19,10). Sua missão consistiu em salvar, curar, incluir, libertar: "Eu vim para que tenham vida, e a tenham em abundância" (Jo 10,10).

A pregação de Jesus preconiza uma libertação de tudo aquilo que, a princípio, deveria facilitar e aproximar o ser humano de Deus, mas que por tradições e manipulação religiosa acabou afastando-o de Deus. Jesus critica uma tradição que anula o Mandamento, pois a oferenda dada substituía o dever de honrar pai e mãe (cf. Mt 15,3-6). Dessa forma, irá merecer a invectiva do Senhor uma religião de fachada, marcada pela observância estrita de jejuns, orações e até de esmolas, mas desprovida do cuidado do outro, especialmente do pobre: "Este povo me honra com os lábios, mas o seu coração está longe de mim. É inútil o culto que me prestam: as doutrinas que ensinam não passam de preceitos humanos". Diz Jesus em Mateus 15,8-9, repetindo o profeta Isaías 29,13.

Em Mateus 23, Jesus critica violentamente os fariseus pela atitude religiosa que gerava hipocrisia: "pois eles falam e não praticam" (v. 3). Eles criavam tradições e se fixavam em aspectos mais simples, como pagar dízimo da hortelã, mas deixavam de lado os ensinamentos mais importantes da Lei, como o direito, a misericórdia e a fidelidade. Pior ainda, como os sepulcros caiados, pareciam belos por fora, mas por dentro...

"Os fariseus formam um grupo religioso que se destaca pelo estudo sério das leis. Tentam organizar suas vidas de acordo com os mandamentos de Deus. Alimentam-se conjuntamente; mais ainda: comem somente alimentos considerados 'puros'. E também pagam o dízimo e observam o sábado e as festas religiosas. A vida de um fariseu é marcada por muitos rigores!"[16] Jesus enfrentou muitas vezes este grupo.

Jesus preconiza um relacionamento com Deus marcado pela sinceridade e conversão. Deus nos ama e nos justifica em seu Filho. Isso nos leva diretamente à prática das boas obras orientadas pelo sentido da caridade como resposta a Deus, que nos amou primeiro. Sem criar a dualidade de amar a Deus e agir impiedosamente, ou de pensar que somos justos diante dele porque realizamos obras boas.

"Jesus fala mais vezes da importância da fé que da observância da lei. É neste sentido que devemos compreender as suas palavras, quando, encontrando-se à mesa com Mateus e outros publicanos e pecadores, disse aos fariseus que o acusavam por isso mesmo: 'Ide aprender o que significa: *prefiro a misericórdia ao sacrifício*. Porque eu não vim chamar os justos, mas os pecadores' (Mt 9,13). Diante da visão de uma justiça como

---

[16] GRENZER, Matthias; SOUSA, Fabiana. *O mundo de Paulo*. São Paulo: Paulinas, 2008. p. 15.

mera observância da lei, que julga dividindo as pessoas em justos e pecadores, Jesus procura mostrar o grande dom da misericórdia que busca os pecadores para lhes oferecer o perdão e a salvação. Compreende-se que Jesus, por causa desta sua visão tão libertadora e fonte de renovação, tenha sido rejeitado pelos fariseus e os doutores da lei. Estes, para serem fiéis à lei, se limitavam a colocar pesos sobre os ombros das pessoas, anulando porém a misericórdia do Pai [...]. Jesus vai além da lei, a sua partilha da mesa com aqueles que a lei considerava pecadores permite compreender até onde chega a sua misericórdia."[17]

Nossa tarefa é corresponder ao seu amor sem medidas, praticando o bem. Sabemos o quanto isso é difícil e custoso de se praticar, porém, é algo que permanece como meta. "Se permanecerdes em minha palavra, sereis verdadeiramente meus discípulos, e conhecereis a verdade, e a verdade vos tornará livres" (Jo 8,31-32). A verdade que não se esconde atrás de manipulações religiosas para fugir da prática do amor ao outro.

Assim, alcançamos o que mais precisamos neste mundo além da paz: a liberdade! Ao praticar a Boa-Nova motivados interiormente pela lei do amor, mesmo com toda a perseguição e sofrimentos, encontraremos a verdadeira libertação: "Se, pois, o Filho vos libertar, sereis verdadeiramente livres" (Jo 8,36). Esta liberdade se liga diretamente à consciência do cristão orientada pelo bem e pela justiça que o conduz a pautar seus atos e a decidir sobre o que agrada a Deus, evitando atitudes legalistas que o afastam do real amor a Deus e aos irmãos.

Jesus cumpre toda a Lei e a aperfeiçoa. O verdadeiro culto se dá no coração, com o exercício das boas obras, como ele disse à samaritana: "Mas vem a hora, e é agora, em que os verdadeiros adoradores adorarão o Pai em espírito e verdade. Estes são os adoradores que o Pai procura" (Jo 4,23).

Mistério pascal

O evangelho segundo Lucas dedica dez capítulos para descrever o caminho de Jesus para Jerusalém (9,51–19,27). Nesta viagem, Jesus ensina e prepara seus discípulos para o desenlace final. O evangelista es-

---

[17] PAPA FRANCISCO. *O rosto da misericórdia*: bula de proclamação do jubileu extraordinário da misericórdia. São Paulo: Paulinas, 2015. n. 20.

creve uma introdução solene: "Quando se completava o tempo para ser elevado ao céu, Jesus tomou a firme decisão de partir para Jerusalém" (9,51); e termina com uma não menos solene conclusão: "Depois dessas palavras, Jesus caminhava à frente dos discípulos, subindo para Jerusalém" (19,28).

"Porque 'vai atrás de Jesus', o qual faz a vontade salvífica do Pai, o discípulo faz 'o caminho de Jesus', o de sua vida e ministério a partir do Batismo de João até o dia de seu 'êxodo' desta vida e de seus sofrimentos para a ressurreição e para a glória (Lc 9,31)."[18] A subida para Jerusalém não é, então, mera informação de viagem, menos ainda um artifício literário, mas um paradigma de vida e de missão cristã.

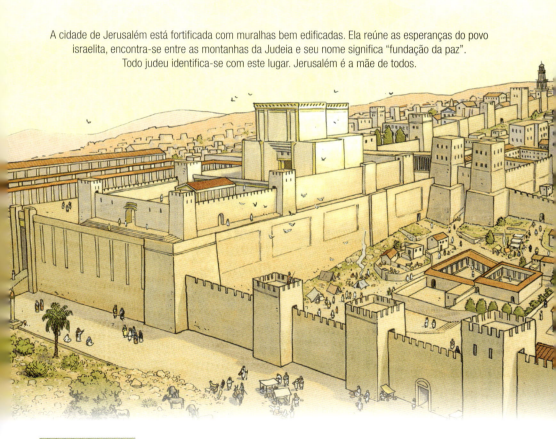

A cidade de Jerusalém está fortificada com muralhas bem edificadas. Ela reúne as esperanças do povo israelita, encontra-se entre as montanhas da Judeia e seu nome significa "fundação da paz". Todo judeu identifica-se com este lugar. Jerusalém é a mãe de todos.

---

[18] SILVA RETAMALES, Santiago. *Discípulo de Jesus e discipulado segundo a obra de São Lucas*. São Paulo: Paulus/Paulinas, 2005. p. 16.

Em todos os tempos, compreender a sabedoria da cruz ou a sua loucura, como desfecho de uma vida entregue de Jesus, é o maior desafio com que o discípulo de Jesus vai se deparar. Amar, mas ao preço de suar sangue, escandaliza quem a princípio se encantou com o chamado e se propôs a viver com ele. No evangelho segundo Lucas, depois do segundo anúncio da paixão, a incompreensão dos discípulos é frequente (9,33.45), e Jesus fica cada vez mais sozinho diante do seu destino violento. O discípulo, enquanto isso, "a ponto de dormir" (9,32), parece não se interessar pelo Messias sofredor e somente se preocupa com a possibilidade de participar de seu poder (cf. Mc 10,35-37).[19]

Seguindo os apóstolos e os discípulos que acompanharam Jesus naquela última Páscoa em Jerusalém, constatamos suas reações de medo, fuga, tristeza, sono e negação. A decepção deles é a mesma do povo e também do ladrão crucificado ao seu lado: "Tu não és o Cristo? Salva-te a ti mesmo e a nós!" (Lc 23,39). Seguramente será a mesma decepção do discípulo de hoje ao se defrontar com o sofrimento e o mal que o atingem impiedosamente.

Jesus prepara o discípulo para compartilhar a mesma sorte: "O discípulo não está acima do mestre, nem o servo acima do seu senhor. Para o discípulo, basta ser como o seu mestre, e para o servo, ser como o seu senhor" (Mt 10,24-25). Assim como Jesus responde à vontade do Pai, igualmente o discípulo responderá à vontade do Messias e Salvador do mundo.

"A importância que tem a implicação da sorte dos discípulos com a do Mestre, sobretudo no que se refere ao sofrimento, é colocada em destaque com uma expressão: 'tomar a cruz e seguir Jesus' (Mt 10,38; 16,24). A metáfora contém uma alusão clara à paixão do Senhor, de modo que seus seguidores são aqueles convidados a entrar na mesma dinâmica de seu Mestre e acompanhá-lo no sofrimento redentor, visando, sem dúvida, participar também de sua glorificação. O discípulo se vincula ao Mestre, não somente na etapa do ministério, mas também no momento central da missão messiânica: a paixão, a cruz e, também, a ressurreição."[20]

---

[19] Ibid., p. 23.

[20] CASTAÑO FONSECA, Adolfo M. *Discipulado e missão no Evangelho de Mateus*. São Paulo: Paulinas/Paulus, 2005. p. 37.

A cruz torna-se o crivo da aceitação corajosa de estar em comunhão com ele a ponto de doar a vida, acreditando na vitória, no amor e na Palavra dele. Sem fugir do sofrimento, das contrariedades e, sobretudo, da entrega da própria vida em suas mãos.

Por isso, encontrar-se com o Senhor, mesmo tendo a perseguição e a cruz diante dos olhos, leva a nos sentirmos atraídos por seu amor que não decepciona nem atraiçoa quem dele experimenta. No caminho de Jesus, a cruz é o desenlace do seu amor sem precedentes: "Antes da festa da Páscoa, sabendo Jesus que tinha chegado a sua hora, hora de passar deste mundo para o Pai, tendo amado os seus que estavam no mundo, amou-os até o fim" (Jo 13,1).

Por mais estranho que possa parecer, o Evangelho de Jesus é capaz de gerar uma visão realista do ser humano, cujo traço principal é a conversão para o amor ao outro até às últimas consequências. A memória do seu sacrifício na cruz perpetuada no sacramento da Eucaristia e o eco do juízo final: "Tive fome, estava nu, doente, na prisão..." (cf. Mt 25,31-46), definitivamente, consagram a prática do amor desinteressado como a chave da realização e da felicidade do ser humano.

Como um mundo guiado pelo sucesso, pelo êxito, pela fama e sede de poder pode suportar o peso da cruz? A prisão de Jesus, seguida de condenação e morte de cruz, foi um fracasso tão grande que desnorteou os discípulos, mesmo os mais íntimos.

O Filho de Deus

O tipo de messianismo que Jesus praticou, como Servo de Javé, conforme Isaías 52, não se impunha pela força do poder ou dos conchavos políticos. Propunha uma renovação interna do judaísmo, enquanto compreensão e prática da Lei, entendendo o poder como serviço com a inclusão dos pobres e marginalizados. Assim, "desde o início do ministério público de Jesus, fariseus e adeptos de Herodes, com sacerdotes e escribas, mancomunaram-se para matá-lo. Por causa de certos atos por ele praticados (expulsão de demônios, perdão dos pecados, curas em dia de sábado, interpretação original dos preceitos de pureza da Lei, familiaridade com os publicanos e com os pecadores públicos), Jesus pareceu a alguns mal-intencionados suspeito de possessão demoníaca.

Ele é acusado de blasfêmia e de falso profetismo, crimes religiosos que a Lei punia com a pena de morte sob forma de apedrejamento".[21]

Nas duas últimas bem-aventuranças, segundo Mateus, Jesus já previa esta incompreensão: "Felizes os perseguidos por causa da justiça, porque deles é o Reino dos Céus. Felizes sois vós, quando vos injuriarem e perseguirem e, mentindo, disserem todo mal contra vós por causa de mim. Alegrai-vos e exultai, porque é grande a vossa recompensa nos céus. Pois foi deste modo que perseguiram os profetas que vieram antes de vós" (Mt 5,10-11; Lc 6,22-23.26).

A prática dos valores do Reino, como luta pela justiça, solidariedade com o que sofre, defesa da dignidade das pessoas, prática da partilha de bens, cuidado do desvalido... atrai a ira e a vingança dos gananciosos que violentamente detêm o poder público para se enriquecerem e zombarem dos pobres e trabalhadores. Quanto a isso Jesus já tinha prevenido seus discípulos: "Sabeis que os chefes das nações as dominam e os grandes fazem sentir seu poder. Entre vós não deverá ser assim. Quem quiser ser o maior entre vós, seja aquele que vos serve" (Mt 20,25-26).

Depois de Pedro confessar que Jesus é o Messias, Mateus indica as consequências do messianismo de Jesus: "A partir desse momento, Jesus começou a explicar a seus discípulos que devia ir a Jerusalém..." (Mt 16,21). Jesus, ao anunciar antecipadamente a sua paixão e morte, demonstra consciência sobre o próprio destino, longe das ideologias generalizadas sobre um rei-messias nacionalista que, pela derrota do imperador romano, estabeleceria a soberania do povo judeu sobre o mundo inteiro e o predomínio da Lei mosaica em qualquer outra lei (At 1,6). Mostra, assim, sua liberdade para assumir voluntariamente o desfecho de sua prática libertadora. Não podemos vê-lo como um profeta enganado, que, mesmo sendo famoso, se dá mal no fim de sua vida.

Se as atitudes libertadoras que assumiu em seu ministério já provocavam as autoridades religiosas e despertavam o ciúme de Herodes, o não reconhecimento do Messias-Servo e Filho de Deus será o motivo central de sua condenação. Diz-nos o *Catecismo da Igreja Católica*: "Se a Lei e o Templo de Jerusalém puderam ser ocasião de 'contradição' da parte de Jesus para as autoridades religiosas de Israel, foi o papel dele

---

[21] *Catecismo da Igreja Católica*, n. 574.

na redenção dos pecados, obra divina por excelência, que constituiu para elas a verdadeira pedra de escândalo".[22]

"Particularmente ao perdoar os pecados Jesus deixou as autoridades religiosas de Israel diante de um dilema. Foi isto que disseram com razão, cheios de espanto: 'Só Deus pode perdoar os pecados' (Mc 2,7). Ao perdoar os pecados, ou Jesus blasfema – pois é um homem que se iguala a Deus –, ou diz a verdade, e sua pessoa torna presente e revela o Nome de Deus."[23]

Então as autoridades apertavam cada vez mais o cerco contra Jesus. Os fariseus e os príncipes dos sacerdotes estavam convencidos da necessidade de eliminar esse homem que, com seu prestígio e popularidade, conferia uma nova forma de interpretar a Lei, colocando-se acima dela, pondo em perigo o judaísmo e a segurança nacional (cf. Jo 11,48.50).

Assim, as autoridades formularam contra ele a dupla acusação de corrupção e de subversão. Corrupção porque destruía as sagradas tradições do povo: "Nós temos uma Lei e segundo esta Lei, ele deve morrer porque se declarou Filho de Deus" (Jo 19,7). Subversão porque "ele revoluciona o povo, ensinando por toda a Judeia, a começar da Galileia até aqui" (Lc 23,5).[24]

Morte na cruz

Analisamos no primeiro capítulo, no subtítulo, o plano do Pai, o significado da morte redentora de Jesus. A vontade do Pai é sempre de recuperar a imagem e semelhança do ser humano desfigurada pelo pecado. Em João 3,16-17, encontramos a demonstração da amplitude do amor divino: "Deus amou tanto o mundo que deu o seu Filho único, para

---

[22] N. 587.

[23] N. 589; completa o n. 590: "Somente a identidade divina da pessoa de Jesus pode justificar uma exigência tão absoluta quanto esta: 'Aquele que não está comigo está contra mim' (Mt 12,30); assim, também, quando diz que nele está 'mais do que Jonas... mais do que Salomão' (Mt 12,41-42), 'mais do que o Templo'; ou quando lembra, referindo-se a si mesmo, que Davi chamou o Messias de seu Senhor, ao afirmar 'Antes que Abraão fosse, Eu Sou' (Jo 8,58); e até 'Eu e o Pai somos um' (Jo 10,30)".

[24] Cf. PIRES, José Maria. *Meditações diante da cruz*: as sete palavras de Jesus. São Paulo: Paulinas, 2015. p. 14-15.

que todo o que nele crer não pereça, mas tenha a vida eterna. Pois Deus enviou o seu Filho ao mundo, não para condenar o mundo, mas para que o mundo seja salvo por ele".

Para estabelecer a nova e eterna aliança, ele envia seu Filho: a parábola dos vinhateiros homicidas (Mt 21,33-41)[25] mostra claramente o plano do Pai e a resposta da humanidade. Somente o Filho de Deus, como vítima sem pecado, poderá conter a sanha dos vinhateiros. Por essa perfeita consonância de Jesus com a vontade e o projeto do Pai, ele pôde concluir sua vida exclamando: "Eu te glorifiquei na terra, completei a obra que me deste para fazer" (Jo 17,4).

O Cristo entendeu que a vontade do Pai era que ele salvasse o mundo não pelo poder dos milagres ou pela força da palavra, mas pelo escândalo da cruz, pelo sacrifício da própria vida. "Ao abraçar em seu coração humano o amor do Pai pelos homens, Jesus 'amou-os até o fim' (Jo 13,11), 'pois ninguém tem maior amor do que aquele que dá a vida por seus amigos' (Jo 15,13). Assim, no sofrimento e na morte, sua humanidade se tornou o instrumento livre e perfeito de seu amor divino, que quer a salvação dos homens. Com efeito, aceitou livremente sua Paixão e sua Morte por amor de seu Pai e dos homens, que o Pai quer salvar: 'Ninguém me tira a vida, mas eu a dou livremente' (Jo 10,18). Daí a liberdade soberana do Filho de Deus quando ele mesmo vai ao encontro da morte."[26]

O *Catecismo da Igreja Católica* nos oferece o argumento central da morte redentora de Cristo: "'A caridade de Cristo nos compele quando consideramos que um só morreu por todos e que, por conseguinte, todos morreram' (2Cor 5,14). Nenhum homem, ainda que o mais santo, tinha condições de tomar sobre si os pecados de todos os homens e de oferecer-se em sacrifício por todos. A existência em Cristo da Pessoa Divina do Filho, que supera e, ao mesmo tempo, abraça todas as pessoas humanas, e que o constitui Cabeça de toda a humanidade, torna possível seu sacrifício redentor *por todos*".[27]

---

[25] Lembremo-nos de que, na Bíblia, a vinha é o símbolo do povo de Deus.

[26] *Catecismo da Igreja Católica*, n. 609.

[27] N. 616.

108

A vitória da ressurreição

O mistério pascal engloba o binômio: morte e vida. A morte não pode ser o desfecho final da prática do Filho de Deus neste mundo. "Se Cristo não ressuscitou, vazia é a nossa pregação, vazia é também a nossa fé" (1Cor 15,4). Onde a maldade e a violência desabaram sobre o Senhor, a última palavra não será esta. Se, por um lado, a sentença do mundo contra o Senhor decretou sua morte na cruz, por outro, o Pai devolve a vida a seu Filho, que a retoma livremente, e o Espírito Santo a vivifica e glorifica. A Palavra final do Pai será sempre de ressurreição, como aconteceu com a vitória de Cristo sobre a morte e sobre todos os poderes contrários à vida humana.

A ressurreição do Senhor traz uma grande consequência para a vida do discípulo: o sofrimento e o mal deste mundo não têm a decisão final sobre o destino humano. Para o seguidor de Jesus, as contrariedades e toda sorte de violência e injustiça foram subjugadas, definitivamente, pela vitória da cruz, pela misericórdia do Pai que resgatou seu Filho. Sua ressurreição é a garantia de que, em Cristo, nós alcançamos a vida plena e, com ele, somos igualmente vitoriosos sobre toda a maldade deste mundo e herdeiros da vida eterna. Nada nos poderá separar da vida e do amor em Cristo, nem o maior sofrimento, nem mesmo a morte.

A força da ressurreição é o novo movente da história e o fundamento de nossa fé, pois Jesus sai vitorioso do embate contra o mal de seus perseguidores e de toda a maldade do mundo. A ressurreição de Jesus é a palavra definitiva do Pai em favor do ser humano, pois, em Jesus, todos fomos salvos.

Cristo está na glória do Pai, aonde tem levado a nossa humanidade, representada pelo seu corpo, pela sua existência, pela sua dor, pela sua morte e agora pelo brilho de sua ressurreição. Através de Cristo e com ele, que escancarou os caminhos do infinito e do eterno, também a nossa humanidade está orientada para Deus e para a vida plena e perfeita.

A ressurreição de Jesus não é descrita, mas está sintetizada naquela tampa sepulcral, que estava rolada para fora. No pensar do antigo Israel, a pedra sepulcral era o selo da boca do mundo inferior. Agora, porém, a tampa do jazigo está atirada para fora, pois a área da morte não se constitui mais numa fronteira irreversível, mas plenamente aberta, sinal evidente de que a potência da morte foi irremediavelmente quebrada e dobrada.

As três mulheres, Maria de Madalena, Maria, a mãe de Tiago, e Salomé, dirigem-se para o túmulo com perfumes para embalsamar o corpo de Jesus. A grande preocupação delas era: "Quem vai remover para nós a pedra da entrada do túmulo? Era uma pedra muito grande. Mas, quando olharam, perceberam que a pedra já tinha sido removida" (Mc 16,3-4). Encontram o sepulcro vazio e um jovem misterioso, que lhes anuncia: "Ele ressuscitou" (v. 6b).

Significativo é o fato de as mulheres serem as primeiras testemunhas da ressurreição. São elas em número de três, quase a indicar a totalidade das mulheres, as quais por sua específica natureza são geradoras de vida.

Ainda mais que um "jovem", descrito segundo os cânones como um anjo vestido de branco, é mensageiro (arauto) de uma declaração divina: "Procurais Jesus, o nazareno, aquele que foi crucificado? Ele ressuscitou! Não está aqui! Vede o lugar onde o puseram!" (v. 6). Perante o temor e espanto das mulheres, o mensageiro celeste oferece a certeza da fé.

A breve fórmula "Ele ressuscitou!"[28] significa mais do que foi liberto do reino dos mortos, mas que Deus fez a Jesus Senhor e Messias (At 2,36), estabeleceu-o Filho de Deus com poder (Rm 1,3s), agraciou-o com um nome excepcional (Fl 2,9), elevou-o à direita de Deus (At 5,31), constituindo-o dominador sobre o universo (Ef 4,10) e juiz do fim dos tempos (1Ts 1,10).

Estamos ligados a Jesus de maneira *natural*, pois ele assumiu a natureza humana, fez-se carne e foi igual a nós em tudo, menos no pecado (cf. Jo 1,14; Hb 4,15). Pelo Batismo, ligamo-nos a ele também de forma *sobrenatural*. Fomos para sempre marcados como que a ferro, caracterizados para sempre como seus parceiros e companheiros de sofrimento. "Essa dupla ligação a Jesus, a *natural* pela condição humana e a *sobrenatural* pelo Batismo, garante-nos um mesmo destino no fim de nossa vida. A ressurreição de Jesus é uma espécie de garantia para a nossa ressurreição. Paulo não se cansa de acentuar essa relação. Em 1Cor 6,14 ele escreve à comunidade: 'Deus, que ressuscitou o Senhor, nos ressuscitará também a nós, pelo seu poder'. Para que os coríntios não esqueçam de forma alguma essa ideia, ele a repete em 2Cor 4,14: 'Estamos certos de que Aquele que ressuscitou o Senhor Jesus nos ressuscitará também com Jesus'. Igualmente em Rm 6,5: 'Porque se fomos unidos com sua morte, no nosso destino, também nós seremos unidos com sua ressurreição, no nosso futuro'."[29]

Os relatos da ressurreição de Jesus Cristo conferem a plenitude de sentido para o seguimento; assim, os discípulos superam o medo, a perseguição e os sofrimentos da cruz. O túmulo vazio e os encontros com o Cristo Ressuscitado são a garantia da vitória sobre a morte e o poder do mal. A ressurreição do Mestre valida todo o caminho já percorrido pelos discípulos para descobrirem quem era aquele homem que ensinava de maneira tão diferente e operava sinais prodigiosos com pobres, pecadores, mulheres e crianças. Ao mesmo tempo, esta descoberta se projeta na história como luz para todo aquele que quiser se apropriar pessoalmente deste caminho.

---

[28] 1Cor 15,4b; Mc 16,6c; Mt 28,7; Rm 10,9; Lc 24,6.

[29] BÖSEN, Willibald. *Ressuscitado segundo as Escrituras*: fundamentos bíblicos da fé pascal. São Paulo: Paulinas, 2015. p. 24.

A ressurreição ilumina e dá sentido ao presente, pois a luz do Ressuscitado dissipa as dúvidas e incertezas da morte e a sensação de que tudo está perdido ou de que a crucifixão foi o fim de tudo. Mas a ressurreição projeta luz também sobre o futuro, pois o Ressuscitado inaugura um tempo novo, de esperança em um mundo mais de acordo com os desígnios de Deus-Pai. A força do seu Espírito contagia a primeira geração daqueles que conviveram com ele e, de agora em diante, é lhes impossível não comunicar a maior novidade que transformou suas vidas.

Quando se trata da ressurreição de Cristo, valem para nós o testemunho e as afirmações dos apóstolos: eles viveram para proclamar que Jesus ressuscitou e morreram para testemunhar essa verdade. Curioso, e ao mesmo tempo significativo, foi que eles não esperavam essa ressurreição.

Igual aos apóstolos, ao voltarmo-nos para o nosso interior, somos capazes de perceber o Espírito do Senhor, vibrante em nosso coração. Aí se encontra a fonte de nossa fé. Pessoalmente, fazemos nossa experiência e ao mesmo tempo nossa profissão de fé de que ele está vivo e ressuscitado. No transcorrer de nossa existência aprendemos a confrontar os desafios, limites e dificuldades que enfrentamos, mas nunca sós, sempre em companhia daquele que nos animou e nos fez prosseguir adiante. A superação das dificuldades é a marca do discípulo de Cristo que caminha para a Jerusalém Celeste.

Além da experiência pessoal, a Igreja nascente constatou o sepulcro vazio, conversou com o Ressuscitado e o viu subir aos céus. A mesma comunidade apostólica se perguntava: e agora que ele não está corporalmente entre nós, como podemos encontrá-lo?

A passagem dos discípulos de Emaús, conforme Lucas 24,13-35, analisada no primeiro capítulo, nos responde esta indagação. Com estes dois discípulos descobrimos que o Crucificado é o Ressuscitado que se faz presente e caminha com eles, se revela na Palavra, se torna reconhecível ao partir o pão e os torna anunciadores da experiência que tiveram.

Jesus reza ao Pai

Um elemento fundamental da prática de Jesus com seus discípulos é a sua vida de oração. Jesus está unido ao Pai na força do Espírito Santo. Pouco a pouco, na medida em que reza e analisa os acontecimentos ao seu redor, Jesus de Nazaré percebe cada vez com maior clareza a missão que o Pai lhe aponta. Nos evangelhos, muitas vezes vamos encontrar Jesus orando, justamente para discernir o projeto de Deus e traçar a direção do seu caminho.

O evangelho segundo Lucas destaca a ação do Espírito antes dos momentos decisivos de sua missão: quando o Pai revela sua missão (Lc 3,21-22), antes de chamar os apóstolos, ao bendizer a Deus na multiplicação dos pães, ao se transfigurar no monte, quando cura o surdo-mudo e ressuscita Lázaro, antes de solicitar a confissão de Pedro, antes de ensinar aos discípulos como devem orar, quando os discípulos voltam da missão, ao abençoar as crianças e quando roga por Pedro.

Sua atividade cotidiana estava muito ligada à oração. Mais ainda, como que brotava dela, retirando-se ao deserto e ao monte para orar, levantando-se muito cedo ou permanecendo até a quarta vigília e passando a noite em orações a Deus.

O seu querer e o seu agir consistem em realizar o projeto salvador do Pai. Para isso, ele veio ao mundo. O Filho de Deus "é um com o Pai" (cf. Jo 10,30) e ao entrar no mundo disse: "Porque eu desci do céu não para fazer a minha vontade, mas a vontade daquele que me enviou" (Jo 6,38; Hb 10,9). Toda a oração de Jesus consiste nessa adesão amorosa de seu coração de homem ao "mistério da vontade" do Pai.

O abandono total nas mãos do Pai é a atitude fundamental de Jesus ao longo de sua vida. Ele nos ensina a repetir essa mesma atitude: "Seja feita a tua vontade, como no céu, assim também na terra" (Mt 6,10). E ele mesmo, na escuridão da dúvida e da angústia diante do futuro incerto, suplica no Getsêmani, repetindo: "Meu Pai, se possível, que este cálice passe de mim. Contudo, não seja feito como eu quero, mas como tu queres" (Mt 26,39).

Jesus também orou ao Pai por meio dos Salmos e várias vezes os citou em sua pregação com um sentido novo; quando expulsou os vendilhões do Templo: "Pois o zelo de tua Casa me devora" (Sl 69,10; Jo 2,17); na cruz: "Meu Deus, meu Deus, por que me abandonaste?" (Sl 22,2; Mt 27,46). O divino Mestre nos ensina que a oração foi sempre a alma de seu ministério messiânico e do termo pascal de sua vida.

Jesus ensina os discípulos a rezar

"Estando em certo lugar, orando, ao terminar, um de seus discípulos pediu-lhe: 'Senhor, ensina-nos a orar' (Lc 11,1). Não é antes de tudo contemplando seu mestre a orar que o discípulo de Cristo deseja orar? Pode então aprender a orar do Mestre da oração. É contemplando e ouvindo o Filho que os filhos aprendem a orar ao Pai."[30]

"Jesus mandou que fizéssemos o que ele mesmo fez: 'Orai', disse muitas vezes, 'rogai', 'pedi' 'em meu nome'. Deixou-nos também uma forma de rezar: a oração do Senhor. Insistiu na necessidade da oração, que deve ser humilde, vigilante, perseverante e confiante na bondade do Pai, com intenção pura e conforme a vontade de Deus."[31]

Com o exemplo de sua atitude de rezar intimamente ao Pai, Jesus guia seus discípulos a igualmente conhecerem o plano de Deus sobre si, isto é, a missão que o Pai reservara para cada um. Este conhecimento é progressivo, acontece no diálogo sincero, no qual o discípulo expõe seus limites e suas dúvidas e, ancorado na fé, assume corajosamente a parte da missão que lhe cabe e que somente ele poderá realizar. Portanto, essa adesão é individual e única, ninguém o poderá substituir naquilo que o Pai lhe confiou.

"A oração de fé não consiste apenas em dizer 'Senhor, Senhor', mas em levar o coração a fazer a vontade do Pai. Jesus convida os discípulos a terem, na oração, a preocupação de cooperarem com o plano divino."[32] Uma oração sem compromisso de vida é muito fácil de ser feita. Não nos esqueçamos de que até os demônios reconheciam que Jesus é o Senhor. O mais difícil na vida de oração é converter o coração e seguir o caminho do Pai que passa pela cruz, assim como aconteceu com Jesus.

"No *Sermão da Montanha*, Jesus insiste na conversão do coração: a reconciliação com o irmão antes de apresentar uma oferenda no altar, o amor aos inimigos e a oração pelos perseguidores, a oração ao Pai em segredo (Mt 6,6), a não multiplicação das palavras, o perdão do fundo do

---

[30] *Catecismo da Igreja Católica*, n. 2601.

[31] *Instrução Geral sobre a Liturgia das Horas*: comentários de José Aldazábal. São Paulo: Paulinas, 2010. n. 5.

[32] *Catecismo da Igreja Católica*, n. 2611.

coração na oração, a pureza do coração e a busca do Reino. Essa conversão é inteiramente orientada para o Pai; é filial."[33]

Jesus mediador

A primeira geração cristã viu na morte e ressurreição de Cristo o sacrifício existencial que o transformou no Sacerdote anunciado pelas Escrituras, o qual penetrou no Santuário do céu e dali intercede pela humanidade. A Carta aos Hebreus apresenta Cristo, Sumo e Eterno Sacerdote de nossa redenção, em atitude contínua de oração.

Ele, de fato, "nos dias de sua vida terrestre, dirigiu preces e súplicas, com forte clamor e lágrimas, àquele que era capaz de salvá-lo da morte. Foi atendido por causa de sua entrega a Deus" (Hb 5,7). Finalmente, ressuscitado dentre os mortos, vive e ora constantemente por nós (cf. Hb 7,25). Unicamente por ele temos acesso a Deus. "Da Cabeça se difundem por todo o corpo as riquezas do Filho: a comunhão no Espírito, a verdade, a vida e a participação em sua filiação divina, que se manifestava em toda a sua oração, enquanto ele vivia neste mundo."[34]

Jesus Ressuscitado é nosso eterno intercessor diante do Pai. A oração sacerdotal de Jesus (Jo 17) nos coloca na íntima condição de amigos daquele que é capaz de nos consolar, fortalecer e nos salvar de qualquer situação. Sua condição de ressuscitado nos capacita para superar nossas fraquezas e desânimo, ao mesmo tempo que dá lugar à esperança e ao otimismo que fazem o discípulo acolher o Reino em sua prática de vida como caminho de seguimento.

A oração na força do Espírito Santo

O Espírito do Ressuscitado permanece conosco com a missão de continuar no mundo a obra de Cristo. Os discípulos agora atuam na força do Espírito que os sustenta. Portanto, a oração cristã é comunicação da

---

[33] Ibid., n. 2668.

[34] *Instrução Geral sobre a Liturgia das Horas*: comentários de José Aldazábal. São Paulo: Paulinas, 2010. n. 7.

graça do Espírito. Ele é a memória viva do Ressuscitado na comunidade dos discípulos.

"O Espírito Santo, que está em Cristo, em toda a Igreja e em cada um dos batizados, é quem realiza a unidade da Igreja orante. O mesmo 'Espírito vem em socorro de nossa fraqueza' e 'intercede em nosso favor com gemidos inefáveis' (Rm 8,26). Com o Espírito do Filho, ele infunde em nós 'o espírito de adoção filial, no qual clamamos: Abba, Pai' (cf. Rm 8,15; Gl 4,6; 1Cor 12,3; Ef 5,18; Jd 20). Por conseguinte, não pode haver oração cristã sem a ação do Espírito Santo, que unifica a Igreja inteira, levando-a pelo Filho ao Pai."[35]

Com o poder do Espírito, somos capazes de produzir os frutos próprios da vida cristã: paz, justiça, respeito, cuidado do outro e do planeta, zelar pelo mais fraco, paciência, solidariedade...

Para compreender melhor

1. O que é o Reino de Deus?
2. Como podemos perceber os seus sinais?
3. Segundo a prática de Jesus, o que significa cumprir toda a justiça?
4. Caracterize uma pessoa com atitudes legalistas. Qual é o limite desta postura?
5. Por que se ergue a cruz no caminho de Jesus?
6. Como o discípulo vive o mistério pascal no seguimento de Jesus?
7. Ler a pequena biografia de Dom Oscar Romero e distinguir os traços emergentes de discipulado.

---

[35] Ibid., n. 8.

El Salvador: a beatificação de um profeta

Às vésperas do seu funeral, o bispo emérito de San Cristobal de las Casas, dom Samuel Ruiz Garcia, declarou: "Dom Romero foi um bispo dos pobres em um continente que carrega tão cruelmente a marca da pobreza das grandes maiorias. Enxertou-se entre eles, defendeu sua causa e sofreu a mesma sorte: a perseguição e o martírio. Dom Romero é o símbolo de toda uma Igreja e do continente latino-americano, verdadeiro servo sofredor de Yahweh, que carrega o pecado, a injustiça e a morte de nosso continente".

24 de março de 1980: O arcebispo de San Salvador, dom Oscar Arnulfo Romero, celebrava missa na capela do Hospital Divina Providência, mas um tiro no peito não lhe permitiu terminar a celebração.[36]
Em 23 de maio de 2015, o "bispo dos pobres salvadorenhos" foi beatificado pela Igreja Católica.

---

[36] Transcrição de: MISKALO, Pedro. El Salvador: a beatificação de um profeta. In: *Mundo e Missão*, São Paulo, ano 22, n. 192, pp. 8-9, maio 2015. A biografia completa: VITALI, Alberto. *Oscar Romero*: mártir da esperança. São Paulo: Paulinas, 2015.

Não lhe faltava coragem

Em 8 de julho de 1979, durante a homilia, dom Romero havia declarado: "Se nos cortarem a rádio, se nos fecharem o jornal, se não nos deixarem falar, se matarem todos os sacerdotes e até o arcebispo, e ficar um povo sem sacerdotes, cada um de vocês deve converter-se em microfone de Deus; cada um de vocês deve ser um mensageiro, um profeta".

Durante um retiro com um grupo de sacerdotes, ensinou: "Para mim, o mais importante que o momento de morrer, é oferecer a Deus toda a minha vida, viver por ele. O martírio é uma graça de Deus, que não me sinto na situação de merecer; porém, se Deus aceitar o sacrifício de minha vida, que meu sangue seja semente de liberdade e sinal de que a esperança se transformará logo em realidade. Minha morte, se for aceita por Deus, que seja pela libertação do meu povo e como testemunho de esperança no futuro. Se chegarem a me matar, desde já eu perdoo e abençoo aquele que o fizer".

Dez dias antes de cair, dom Romero registrou em um diário: "Rezo ao Espírito Santo para que me faça caminhar nas estradas da verdade e me mantenha sempre guiado unicamente por Nosso Senhor; jamais pelos elogios, nem pelo temor de ofender" (13/03/1980).

Não se pode entender Romero sem Rutílio

Nascido em 1917 de uma família modesta em Ciudad Barrios, Oscar Romero entrou no seminário em 1931, de onde saiu em seguida para ajudar a família. Tempos depois, retornou ao seminário. Em 1942 foi ordenado padre. Por vinte anos prestou grande trabalho pastoral sem compromisso social evidente. Em 1970, foi nomeado bispo auxiliar de San Salvador, mas não se identificou com as linhas pastorais da arquidiocese, que eram nitidamente da teologia de Medellín e de Puebla, e deixou transparecer sua tendência conservadora.

Foi nomeado bispo da diocese de Santiago Maria em 1974, em um contexto político de forte repressão, sobretudo contra as organizações camponesas. Em 1975, quando a Guarda Nacional assassinou cinco camponeses, Romero celebrou uma missa para as vítimas; não denunciou publicamente o crime, mas escreveu uma carta dura ao presidente Molina.

Em 1977 foi nomeado arcebispo de El Salvador, frustrando os setores renovadores do clero, que esperavam a nomeação de um bispo não conservador. Foi então que se deu a "conversão" de Romero, porque, em 12 de março, foi assassinado o padre jesuíta Rutílio Grande, comprometido com o povo e amigo de dom Romero. Este, então, se colocou corajosamente do lado dos oprimidos, denunciando a repressão e a violência estrutural, uma aliança entre os setores político-militares e econômicos, apoiada pelos Estados unidos, e que explorava o povo. Nunca mais Romero ficou calado, inclusive diante das violências da guerrilha revolucionária.

Na homilia de 23 de março, dia que antecedeu sua morte, apontou o dedo para os homens do Exército, da Guarda Nacional e da Polícia, e disse: "Perante a ordem de matar seus irmãos deve prevalecer a Lei de Deus, que afirma: não matarás! Ninguém deve obedecer a uma lei imoral. Em favor deste povo sofrido, cujos gritos sobem ao céu de maneira sempre mais numerosa, suplico-lhes, peço-lhes, ordeno-lhes em nome de Deus: cesse a repressão". Foram suas últimas palavras ao país.

5

Jesus envia os discípulos

O Filho de Deus vem a este mundo com a precisa missão de anunciar o Reino no qual as pessoas reconhecem a primazia do amor do Pai e se relacionam como irmãos. O Espírito Santo ungiu Jesus ao batizá-lo no rio Jordão como Servo. Seguindo o evangelista Lucas 4,16-21, Jesus, pleno do Espírito, fez sua a missão de: "levar uma palavra e um gesto de consolação aos pobres, anunciar a libertação a quantos são prisioneiros das novas escravidões da sociedade, devolver a vista a quem já não consegue ver porque vive curvado sobre si mesmo, e restituir dignidade àqueles que dela se viram privados".[1] Para realizar isso, ele percorre as aldeias e povoados proclamando a chegada do Reino, curando doentes, expulsando demônios, perdoando pecados e abençoando as pessoas...

Em Marcos 6,7-13, Jesus, depois de chamar os apóstolos, compartilha com eles a sua mesma missão; por isso, os envia com o poder de subjugar e expulsar os espíritos maus. Estão investidos do dom de curar as doenças e de libertar as pessoas de todos os males (angústias, neuroses, traumas). Assim, como o Mestre, os apóstolos se despojarão de preocupações materiais (dinheiro, comida, moradia e roupa), buscarão viver na simplicidade e confiança da proteção divina e irão implantar o Reino de Paz, Justiça e Amor.

Em Lucas 10,1-20, o evangelista relata o envio dos setenta e dois discípulos para a missão. No linguajar dos povos semitas, os números não constituem sempre a expressão de uma quantidade precisa e matemática; frequentemente assumem significados ulteriores e espirituais. Lucas, ao apontar o número de setenta e dois discípulos, estende a missão a todos os povos, apresenta o esplendor da nova qualidade do Povo de Deus em Cristo Jesus, emergindo de diferentes culturas e estruturas sociais.

---

[1] PAPA FRANCISCO. *O rosto da misericórdia*: bula de proclamação do jubileu extraordinário da misericórdia. São Paulo: Paulinas, 2015. n. 16.

A missão para a qual Jesus envia estes discípulos procura resgatar quatro valores comunitários:[2]

a) *Hospitalidade*: a atitude do missionário devia provocar o gesto comunitário da hospitalidade (cf. Lc 9,4; 10,5-6). Os discípulos e as discípulas não deviam levar nada, nem mesmo duas túnicas (cf. Mt 10,9-10). A única coisa que levavam era a paz (cf. Lc 10,5). Isto significa que devem confiar na hospitalidade do povo. Pois o discípulo que vai sem nada, levando apenas a paz, mostra que confia no povo. Acredita que vai ser recebido, e o povo se sente respeitado e confirmado. Por meio dessa prática o discípulo critica as leis de exclusão e resgata o antigo valor da hospitalidade. *Não saudar ninguém pelo caminho* significa, provavelmente, que não se deve perder tempo com coisas que não pertencem à missão.

b) *Partilha*: não deveriam andar de casa em casa, mas ficar hospedados na primeira casa em que fossem acolhidos, isto é, eram chamados a conviver de maneira estável como membros da comunidade que lhes dava sustento (cf. Lc 10,7). Isto é, devem conviver de maneira estável, participar da vida e do trabalho do povo do lugar e viver do que recebem em troca, *pois o operário merece o seu salário*. Isto significa que devem confiar na partilha.

c) *Comunhão de mesa*: deveriam comer o que o povo lhes oferecesse (cf. Lc 10,8). Outros missionários (cf. Mt 23,15) iam prevenidos: levavam sacola e dinheiro para cuidar da sua própria comida, pois não confiavam na comida do povo que nem sempre era ritualmente "pura". No contato com o povo, não podem ter medo de perder a pureza legal. Agindo assim, criticam as leis da pureza que estavam em vigor e anunciam um novo acesso à pureza, à intimidade com Deus. Para os discípulos de Jesus, o valor comunitário da convivência fraterna prevalecia sobre a observância de normas e rituais; e

d) *Acolhida aos excluídos*: por isso curavam os doentes, libertavam os possessos, purificavam os leprosos (cf. Lc 10,9; Mt 10,8); com esses sinais reconstruíam a vida comunitária e social de muitos marginalizados da época.

---

[2] Cf. CNBB. *Comunidade de comunidades*: uma nova paróquia. São Paulo: Paulinas, 2014. n. 75. Documentos da CNBB 100.

Caso todas estas exigências fossem preenchidas, os discípulos podiam e deviam gritar aos quatro ventos: *O Reino chegou!* Pois o Reino não é uma doutrina, mas é uma nova maneira de viver e conviver a partir da Boa-Nova que Jesus nos trouxe, de que Deus é Pai e que, por isso, todos somos irmãos e irmãs. Educar para o Reino não é, em primeiro lugar, ensinar verdades e doutrinas, mas é uma nova maneira de viver e conviver, um novo jeito de agir e de pensar.

Jesus *envia seus discípulos como cordeiros no meio de lobos.* A missão é tarefa difícil e perigosa. Pois o sistema em que eles viviam, e em que ainda vivemos, era e continua sendo contrário à reorganização do povo em comunidades vivas.

A conclusão deste episódio, narrada em Lucas 10,17-20, apresenta o retorno dos setenta e dois repletos de alegria por conta dos prodígios que chegaram a fazer durante a missão. Em vez disso, o Senhor os leva a avaliar de modo diferente a experiência que tiveram: a alegria que eles experimentam nasce, sobretudo – diz Jesus –, da própria origem da missão, ou seja, de seus nomes estarem "escritos nos céus". O sucesso, inclusive o mais glamoroso (*expulsar os demônios!*), não é suficiente para encher o coração do discípulo. "Entretanto, não vos alegreis porque os demônios se submetem a vós; alegrai-vos, sobretudo, porque vossos nomes estão escritos nos céus" (v. 20). Somente a relação com Deus pode ser suficiente.

"O que os alegra, que deve alegrá-los, não é a euforia sedutora da vitória, mas a certeza inabalável de ser amados por Deus. Dizer que nossos nomes estão escritos nos céus (ou no livro da vida, Ap 3,5) é crer que somente a memória de Deus assegura a continuidade de nossa vida até a eternidade. Dessa convicção, fonte de alegria, façamos o objeto de nossa esperança contra toda desesperança (Rm 4,18)."[3]

A promessa encerrada neste versículo é decisiva para compreender a origem da missão do discípulo de todos os tempos: a satisfação pelo chamado e a alegria que dele emana não derivam jamais do triunfo verdadeiro ou presumido. É a ligação com o Pai – por meio de Jesus – que constitui o fundamento dessa bem-aventurança. Jesus afirma isso logo depois, quando, "exultando no Espírito Santo", *dá* graças a Deus por-

---

[3] BOVON, F. *Vangelo di Luca.* Commento a Lc 9,51–19,27. Brescia: Paideia, 2007. Volume 2, p. 78.

que revelou seu mistério aos pequenos (aliás, àqueles discípulos), que se tornam, por isso, "bem-aventurados" quando conseguem ver e escutar (10,21-22). E eles veem e escutam-no, ele que abre a relação com o Pai: eis a alegria. Lucas ensina, assim, ao discípulo de todos os tempos, o segredo de seu chamado e missão.

O Espírito de Deus continua a missão

No dia de sua Páscoa, o Ressuscitado sopra o Espírito Santo sobre os apóstolos. Como na criação, o Filho recria o ser humano rebelde e leva-o à perfeição, derramando-lhe o Espírito Divino. Antes de sua ascensão, Jesus Ressuscitado confere a missão aos Onze: "Ide, pois, fazer discípulos entre todas as nações, e batizai-os em nome do Pai, do Filho e do Espírito Santo.[4] Ensinai-lhes a observar tudo o que vos tenho ordenado. Eis que estou convosco todos os dias, até o fim dos tempos" (Mt 28,19-20).

O Espírito nos configurou no corpo de Cristo, por um Batismo na sua morte e ressurreição. O Espírito tem como missão manifestar o Cristo, imprimir em nós a imagem do Filho, para que o Pai nos reconheça como filhos no Filho. Todo batizado é chamado e enviado por Deus para continuar na história a missão de Cristo: viver efetivamente o Reino instaurado por Cristo na força do seu Espírito.

Por sua vez, o Espírito anima o seguimento para que os cristãos ofereçam o sacrifício, façam de suas vidas um culto espiritual; concede o dom da unidade do corpo, para que sejamos cada vez mais corpo de Cristo, ou seja, uma comunidade unida de discípulos. Dessa forma, nossa vida terá sentido, se, de fato, refletirmos a vida de Cristo no seguimento dele.

O serviço da comunidade dos discípulos não produz menos efeito do que aquele que Jesus mesmo exercia nos caminhos e nas aldeias da Palestina. Exaltado junto do Pai, o Senhor possui a plenitude do Espírito que ele derrama na sua Igreja (At 2,33), e por isso o efeito da salvação e a unidade de ação e de propósitos são produzidos pelo Espírito Santo de

---

[4] Este parágrafo contém uma transcrição adaptada de: SILVA RETAMALES, Santiago. *Discípulo de Jesus e discipulado segundo a obra de São Lucas*. São Paulo: Paulus/Paulinas, 2006. p. 89-95.

Deus, antes presença ativa e permanente no ministério de Jesus, agora protagonista da missão da Igreja (At 13,1-3).

A ascensão de Jesus ao céu e sua exaltação à direita do Pai marca o fim do ministério ou serviço de Jesus de Nazaré na terra e o começo de seu serviço universal como Senhor da história e Salvador da humanidade. Agora, o serviço de libertação é realizado por meio de seus discípulos. Inicia o tempo da Igreja, com sua missão de dar testemunho do Ressuscitado e interpretar seus ensinamentos.

Lucas concebe o nosso tempo atual como ação do mesmo Jesus de Nazaré, que, agora como Senhor Ressuscitado e glorioso, desenvolve (mediante os apóstolos e discípulos) seu ministério de salvador universal. Para cumprir a missão de anunciar a Boa-Nova até a segunda vinda de seu Senhor, a Igreja se fundamenta sobre os Doze e é constituída, pela unção do Espírito, em povo de profetas, sacerdotes e pastores. A comunidade dos discípulos tem um caminho próprio para percorrer: "testemunhar com obras e palavras Jesus Cristo, o Senhor exaltado à direita de Deus que faz realidade o Reino do Pai pela fecundidade do Espírito" (Lc 8,1; 9,2).

Para cumprir este ministério/missão, Jesus Ressuscitado não nos deixa órfãos. Ele mesmo nos prometeu que o Espírito permaneceria com seus discípulos como penhor de sua volta para o Pai. Além disso: "O Espírito Santo que o Pai enviará em meu nome, vos ensinará tudo e vos recordará tudo o que eu vos disse" (Jo 14,26). A presença eficaz do Espírito atuou no caminho de Jesus e igualmente continuará eficaz no caminho evangelizador da Igreja.

O Espírito Santo tem a missão de continuar no mundo a obra de Cristo. Por isso foi derramado sobre a Virgem e os apóstolos em forma de fogo (At 2,1-13). Pentecostes é o momento misterioso do envio do Espírito Santo, consolador, inspirador e iluminador daquilo que aconteceu com Jesus Cristo e que deve ser assimilado e assumido pela Igreja nascente. Os destinatários são os judeus ou gentios de todo o mundo (universalidade geográfica), e o tempo da missão dura até que o mundo volte para seu Senhor (universalidade temporal).

"Desde o princípio, os discípulos haviam sido formados por Jesus no Espírito Santo (cf. At 1,2); e, na Igreja, o Mestre interior conduz ao conhecimento da verdade total, formando discípulos e missionários. Essa é a razão pela qual os seguidores de Jesus devem deixar-se guiar constantemente pelo Espírito (cf. Gl 5,25) e tornar a paixão pelo Pai e pelo Reino sua própria paixão: 'Anunciar a Boa-Nova aos pobres, curar os enfermos, consolar os tristes, libertar os cativos e anunciar a todos o ano da graça do Senhor' (Lc 4,18-19)."[5]

Acolher o Reino de justiça, paz, fraternidade, solidariedade... somente é possível pela força transformadora do Espírito. A única capaz de vencer nosso egoísmo e, ao mesmo tempo, de nos convencer a abraçar a cruz. Para o discípulo, tal como foi para o Mestre, a cruz é sinônimo do amor entregue até o fim para a libertação de tudo o que impede a vida em plenitude. O ter, o dinheiro, o poder podem oferecer um momento de embriaguez, a ilusão de sermos felizes, mas, no final, nos dominam e nos levam a querer ter cada vez mais, a não estar nunca satisfeitos.

A qualidade da missão do discípulo dependerá da intensidade da comunhão de vida e destino com seu Senhor (Lc 5,1-11), de sua sensibilidade para discernir o tempo presente ou os sinais dos tempos (Lc 12,54-57) e da fidelidade de seu testemunho que está em relação direta com a proclamação da Palavra de Deus, em consonância com o ensinamento da Igreja (At 15,1-21; 21,17-25).

Através do Espírito Santo os discípulos são investidos de poder que os capacita e orienta para anunciarem a Boa-Nova e cumprirem o ministério iniciado por Cristo durante sua missão terrena.

O Espírito foi prometido pelo Pai para o seu Messias, em quem repousará de modo pleno. O Messias, por sua vez, o derramará em todos os corações (Lc 24,49; At 2,33), fazendo daquele que o recebe uma "criação nova" ou "homem novo". O Espírito designa aquela força divina que, residindo no crente, o purifica ou recria, enchendo-o de carismas e capacitando-o para ações extraordinárias em ordem à evangelização do Reino.

Seguindo a analogia entre o mistério pascal e a efusão do Espírito, a confirmação guarda relação com o Batismo, como aquele sacramento que perpetua, de algum modo, na Igreja a graça de Pentecostes. Pela Confirmação, somos ungidos, participamos mais intensamente da plenitude do Espírito Santo, de que Jesus é cumulado, a fim de que por toda

---

[5] CELAM. *Documento de Aparecida*: texto conclusivo da V Conferência Geral do Episcopado Latino-Americano e do Caribe. São Paulo: Paulinas, 2007. n. 152.

nossa vida exalemos o bom odor de Cristo.[6] Por essa unção, recebemos o "selo" do Espírito Santo, que marca nossa pertença total a Cristo, para sempre, bem como a sua promessa de proteção divina. A Confirmação revela nossa condição de seres espirituais (cf. 1Cor 2,13-3,1; Cl 1,9) e que vivemos segundo os frutos do Espírito.

"Recebereis uma força, a do Espírito Santo, que descerá sobre vós, e sereis minhas testemunhas em Jerusalém, em toda a Judeia e Samaria, e até os confins da terra" (At 1,8). "Deveis, pois, dar diante do mundo testemunho de sua paixão e ressurreição [...]. Sede, portanto, membros vivos dessa Igreja e, guiados pelo Espírito Santo, procurai servir a todos, à semelhança do Cristo, que não veio para ser servido, mas para servir."[7]

Depois da vinda do Espírito aos apóstolos reunidos em Jerusalém, as igrejas locais experimentam irrupções fecundas do Espírito, que institui ofícios e faz surgir carismas. O Espírito é quem forja missionários decididos e valentes como Pedro, Estêvão (At 6,5), Barnabé (11,24) e Paulo (13,9). Essa efusão do Espírito é a realização da promessa divina para os tempos messiânicos (Jl 3,1-5 em At 2,14ss), é o Batismo "com Espírito Santo e fogo" anunciado pelo Batista (Lc 3,16), é o dom de Jesus prometido a seus discípulos pouco antes de seu êxodo para o Pai (At 1,4-5; 11,16).

O Espírito derrama sua vitalidade divina, e sua presença se traduz em diversos dons e carismas (1Cor 7,7). O Espírito é quem indica os lugares que devem ser evangelizados e quem deve fazê-lo (13,2.4-5), e dele depende a audácia dos que evangelizam (4,31) e a sabedoria que lhes permite enfrentar os inimigos (Lc 12,11-12).

Graças ao Espírito se proclama a Palavra salvadora do Senhor que conduz a história (At 15,35), que faz crescer a adesão a Jesus Cristo e que edifica a Igreja (19,20). No entanto, não se trata do anúncio de qualquer palavra, mas da Palavra de Deus ou de Jesus transmitida pelos Doze, únicas testemunhas qualificadas de sua obra (Lc 24,45-48; At 20,28). A presença do Espírito na comunidade dos discípulos, garantia de participação na herança reservada aos escolhidos (At 20,32), se renova pela oração constante feita em nome de Cristo (Lc 11,13).

---

[6]   Cf. *Catecismo da Igreja Católica*, n. 1294.

[7]   *Rito da Confirmação*, homilia, n. 22.

O Espírito de Deus, portanto, é a garantia de continuidade da obra de Cristo exaltado à direita do Pai, abrindo as portas da salvação para quem crê – pelo anúncio do Evangelho. Assim se assegura o nexo entre o caminho de Jesus e o da Igreja em virtude de ser um e o mesmo Espírito quem suscita carismas e ofícios, guia e fortalece a Igreja na condução e no anúncio da Palavra, até que o Corpo de Cristo atinja a estatura de sua Cabeça (Ef 4,15-16; Cl 2,19). Pelos ofícios e carismas que o Espírito presenteia à comunidade dos discípulos, estende-se o ministério salvífico de Jesus, Profeta e Senhor, até que se manifeste no fim dos tempos (1Cor 1,6-7).

A comunidade dos discípulos

"A morte de Jesus não foi o fim do seu projeto. Os discípulos tiveram uma experiência de fé totalmente nova: Jesus, vivo e glorioso, está conosco. Essa experiência significou fortes mudanças também na vida dos discípulos: agora eles passam a interpretar todo o seu passado e os acontecimentos presentes à luz da ressurreição de Jesus. Reconhecem em Jesus o Messias esperado durante séculos pelo judaísmo. Com a força do Espírito Santo, começam a reagrupar-se e, cheios de alegria e coragem, dão início a uma intensa atividade missionária: por toda parte surgem comunidades de discípulos e seguidores de Jesus."[8]

Os apóstolos e discípulos originaram as primeiras comunidades que se consideraram herdeiras da revelação do Antigo Testamento, mas agora põem sua esperança na salvação em Jesus, o Filho de Deus Ressuscitado. Tais comunidades foram marcadas por manifestações poderosas do Espírito Santo como curas, profecias e visões. A Igreja primitiva anunciava Jesus Cristo com palavras e obras que comunicavam a salvação já operante na história.

Liderados pelos apóstolos, os primeiros discípulos levaram a Boa Notícia da ressurreição aos quatro cantos da terra: de Jerusalém à capital do Império Romano. Formaram comunidades cristãs entre judeus e gentios. O sinal de agregação ao grupo desses novos discípulos é o Ba-

---

[8] CNBB. *Uma Igreja que acredita, acolhe e envia*: evangelho segundo João. São Paulo: Paulinas/Paulus, 2007. p. 15. Projeto Nacional de Evangelização "Queremos Ver Jesus Caminho, Verdade e Vida".

tismo. Conforme João 3,3.5, o Batismo é condição para entrar no Reino de Deus (e, portanto, na Igreja, na medida em que esta é sinal daquele).[9]

Das fontes batismais nasce o único Povo de Deus da nova Aliança, que transcende todos os limites naturais ou humanos das nações, das culturas, das raças e dos sexos. A comunidade que nasce do Batismo é uma fraternidade. Seguindo Paulo, que afirma que no Corpo de Cristo não há desigualdades nem divisões (cf. Gl 3,26-28; 1Cor 12,1.12-13; Cl 3,9-11), São João Crisóstomo ensina: "Na Igreja não há diferença entre o escravo e o homem livre, entre o estrangeiro e o cidadão, entre o ancião e o jovem, entre o sábio e o ignorante, entre o homem comum e o príncipe, entre a mulher e o varão. Todas as idades, condições e sexos entram da mesma forma na piscina das águas (batismais). Seja o imperador, seja o pobre, ambos participam da mesma purificação. Aqui está o sinal mais palpável da nobreza que distingue a Igreja: da mesma forma é iniciado o mendigo e quem carrega o cetro".[10]

A Igreja torna-se o lugar no qual os discípulos convivem com o Mestre. Nela se alimentam do Cordeiro, são fortalecidos pela Unção e continuamente corrigem a direção dos seus caminhos. Na Igreja antiga, os discípulos desfrutam de uma função considerável na instrução dos novos convertidos. Priscila e Áquila abrem ao judeu Apolo de Alexandria a obra de Jesus e o Batismo cristão. Dentre eles se recrutam os mestres qualificados, os doutores, que instruem os catecúmenos. Nas reuniões litúrgicas, a função deles é subalterna, *mas real*.

Nessa Igreja, reconhece-se uma pluralidade de ministérios (cf. 1Cor 12,5). Nas primeiras comunidades cristãs, por exemplo, havia apóstolos, pregadores e profetas. Nasce uma Igreja mais *carismática*, com uma espiritualidade centrada na comunidade e que se manifesta pela tolerância religiosa e pela comunhão. Esta é o modelo de comunidade que os primeiros discípulos formam, na qual colocam em comum os dons e carismas recebidos.

---

[9] Seguimos: OÑATIBIA, Ignacio. *Batismo e Confirmação*: sacramentos de iniciação, p. 166-171.

[10] *Catequese batismal*, I, 27; *Sources Chrétiennes*, 50, 122.

A expansão do cristianismo é obra, em grande parte, não de missionários profissionais, que são o pequeno número e a exceção. Os primeiros missionários são *simples fiéis*, artesãos, comerciantes, soldados, escravos ou mestres, mulheres e jovens. Eles espalham a Boa-Nova ao seu redor, em primeiro lugar nas comunidades judaicas e, posteriormente, entre os pagãos. Misturados na massa, os cristãos tornam-se o fermento evangélico.

A Igreja é o corpo de discípulos que procura viver a Boa Notícia do Reino na história, até que ele venha! Estes discípulos encontraram o Senhor, foram atraídos por ele, acreditaram no seu chamado e o consideraram como bem supremo, diante do qual todas as coisas e bens ficaram menores.

Agora, buscam se encontrar nessa ordem instaurada na história, permanecem no mundo, mas não são do mundo, pois os costumes cristãos contrastavam com aqueles dos pagãos; assim já se expressava o anônimo escrito a Diogneto do início do século II: "Os cristãos (...) vivendo em cidades gregas e bárbaras, conforme a sorte de cada um, e adaptando-se aos costumes do lugar quanto à roupa, ao alimento e ao resto, testemunham um modo de vida social admirável e, sem dúvida, paradoxal. Vivem na sua pátria, mas como forasteiros; participam de tudo como cristãos e suportam tudo como estrangeiros. Toda pátria estrangeira é pátria deles, e cada pátria é estrangeira. Casam-se como todos e geram filhos, mas não abandonam os recém-nascidos. Põem a mesa em comum, mas não o leito; estão na carne, mas não vivem segundo a carne; moram na terra, mas têm sua cidadania no céu; obedecem às leis estabelecidas, mas com sua vida ultrapassam as leis; amam a todos e são perseguidos por todos; são desconhecidos e, apesar disso, condenados; são mortos e, desse modo, lhes é dada a vida; são pobres, e enriquecem a muitos; carecem de tudo, e têm abundância de tudo".[11]

"Em Antioquia da Síria nasce uma das primeiras comunidades cristãs, pois *missionários*, vindos de vários lugares, anunciam o Evangelho de Jesus neste centro urbano. E eles têm sucesso, tanto entre os judeus como entre os não judeus. *Barnabé* e *Paulo* são dois destes missionários. Ajudam na formação das *igrejas domésticas*, ou seja: os seguidores de Jesus reúnem-se ainda em suas casas. É aí que leem a Palavra de Deus e celebram a refeição comunitária, a qual repete o gesto da partilha do pão, indicado por Jesus na *última ceia*."[12]

---

[11] DIOGNETO, VI. *Padres apologistas*. São Paulo: Paulus, 1995. [Patrística, 2].
[12] GRENZER, Matthias; SOUSA, Fabiana. *O mundo de Paulo*. São Paulo: Paulinas 2008. p. 23.

O documento da CNBB, *Comunidade de comunidades: uma nova paróquia*, descreve como os primeiros apóstolos e discípulos organizaram as primeiras comunidades missionárias. "O Espírito Santo guiou as decisões fundamentais da Igreja para ser uma comunidade evangelizadora: admitir os pagãos (cf. At 8,29-39); superar obstáculos da Lei Mosaica (cf. At 5,28); e fazer missão no mundo pagão (cf. At 13,2-3)" (n. 77b).

"Os seguidores de Jesus começaram a se reunir para expressar sua fé em Jesus e mostrar o caminho que ele propunha. Convocada por Deus, a comunidade primitiva era a reunião dos fiéis que sentiram o mesmo chamado" (n. 78b).

Nos Atos dos Apóstolos 2,42, Lucas apresenta o rosto da Igreja: "Eles eram perseverantes em ouvir o ensinamento dos apóstolos, na comunhão fraterna, na fração do pão e nas orações". Este é o caminho pelo qual os primeiros se guiavam para ser fiéis ao Mestre.

"Toda comunidade cristã se inspira nos quatro elementos distintivos da Igreja primitiva:

a) o *ensinamento dos apóstolos*: a palavra dos apóstolos é a nova interpretação da vida e da lei a partir da experiência da ressurreição. Os cristãos tiveram a coragem de romper com o ensinamento dos escribas, os doutores da época, e passaram a seguir o testemunho dos apóstolos. Eles consideravam a palavra dos apóstolos como Palavra de Deus (cf. 1Ts 2,13);

b) a *comunhão fraterna*: indica a atitude de partilha de bens. Os primeiros cristãos colocavam tudo em comum, a ponto de não haver necessitados entre eles (cf. At 2,44-45; 4,32; 34-35). O ideal era chegar a uma partilha não só dos bens materiais, mas também dos bens espirituais, dos sentimentos e da experiência de vida, almejando uma convivência que superasse as barreiras provenientes das tradições religiosas, classes sociais, sexo e etnias (cf. Gl 3,28; Cl 3,11; 1Cor 12,13);

c) a *fração do pão (Eucaristia)*: herança das refeições judaicas, principalmente a ceia pascal, na qual o pai partilhava o pão com os filhos e com aqueles que não tinham nada. Para os primeiros cristãos, a expressão lembrava as muitas vezes em que Jesus tinha partilhado o pão com os discípulos (cf. Jo 6,11). Lembrava o gesto que abriu os olhos dos discípulos para a presença viva de Jesus no meio da comunidade (cf. Lc 24,30-35). A fração do pão era feita nas casas (cf. At 2,46; 20,7); e

d) as *orações*: por meio delas os cristãos permaneciam unidos a Deus e entre si (cf. At 5,12b), e se fortaleciam na hora das perseguições (cf. At 4,23-31). Os apóstolos atestavam que não poderiam anunciar bem o Evangelho se não se dedicassem à oração assídua (cf. At 6,4)" (n. 80).

Estes elementos uniam sempre mais a comunidade e lhe permitia ser missionária, pois sua fé e ardor contagiava o povo e suscitava conversão: "Louvavam a Deus e eram estimados por todo o povo. E, cada dia, o Senhor acrescentava a seu número mais pessoas que eram salvas" (At 2,47).

"A comunidade cristã anuncia Jesus Cristo e acolhe novos membros que, pelo Batismo, se tornam discípulos do Senhor, para testemunharem com palavras e gestos o Evangelho do Reino de Deus. Essa missão impulsiona as comunidades a expandirem a mensagem de Cristo além de suas fronteiras geográficas. Por essa razão, as viagens missionárias de Paulo constituíram comunidades cristãs em diferentes regiões do mundo antigo" (n. 92).

"Há um elemento fundamental para compreender a vida dos primeiros cristãos: sua esperança na vinda de Jesus Cristo no fim dos tempos. Por isso eles pregam a conversão especialmente de Israel, que deve acolher seu Messias. Dessa forma, o grupo se define como o verdadeiro Israel, a verdadeira *Qahal*, que é a reunião do povo da Aliança. Mesmo quando os cristãos anunciam a Boa-Nova para os não judeus, o conceito de 'Povo de Deus' é mantido. Até mesmo os pagãos e as pequenas comunidades nascidas das missões, se compreendem como membros desse 'Novo Povo de Deus' que espera o Senhor que virá" (n. 95).

Os primeiros cristãos formarão o novo Povo de Deus (1Pd 2,10). Essas primeiras comunidades de cristãos servem de inspiração para toda comunidade que pretenda ser discípula missionária de Jesus Cristo.

Paulo, chamado e enviado pelo Cristo

A partir do capítulo 13, o livro dos *Atos dos Apóstolos* descreve as peripécias do apóstolo (= enviado) dos gentios. Eis o paradigma de uma pessoa tomada pelo ardor de Cristo e do seu Evangelho, que como ninguém mais anunciou e testemunhou Cristo com a própria vida.[13]

"Jesus nem sempre foi bem compreendido. Embora seus ouvintes fossem *judeus* como ele, havia diferenças na compreensão da vontade de Deus. Paulo não chegou a conhecer Jesus pessoalmente, mas ouviu falar dele. Como *fariseu*, provavelmente achou que Jesus não observasse as leis com bastante rigor. Paulo acreditava na ressurreição dos mortos. Contudo, não esperava isso para Jesus. Afinal, tinha avaliado as ideias dele como erradas. Agora, porém, acontece uma enorme surpresa. No caminho para Damasco, Jesus Ressuscitado aparece a Paulo! E esta experiência muda totalmente o seu pensamento. Agora sabe que Jesus é realmente o Filho de Deus!"[14]

---

[13] Segue o texto transcrito e adaptado sobre este apóstolo: LOPES, Geraldo. *Patrística pré-nicena*. São Paulo: Paulinas, 2014. p. 37-41.

[14] Ibid., p. 17-18.

O estudo sobre São Paulo quer ajudar a compreender o momento essencial da fundação das *Igrejas dos gentios*. Nesta atividade, Paulo tem uma função primordial. Nele emerge uma *profunda consciência apostólica*. Convertido alguns anos após a morte de Jesus, o judeu Saulo, já no caminho de Damasco, pelo que podemos entender de suas cartas e dos *Atos dos Apóstolos*, teve *consciência* de sua missão. Sua conversão significou uma *inversão* do desígnio de Deus como ele o entendia, a saber, a *salvação pela Lei*.

Após ser chamado por Cristo, Paulo teve de começar a confessar que Jesus, enviado à morte, era uma *realidade vivente*. Mais ainda. Paulo teve de convencer-se de que *Jesus se identificava com seus membros sofredores. A ele deveria aderir como a um Messias e autor da salvação*. Por ele Paulo teria que entrar na comunidade dos crentes, tornar-se *outro* apóstolo de Jesus, não somente para os judeus, mas para os pagãos (cf. At 9,1-30).

Damasco é a *origem* da vocação apostólica de Paulo. Durante mais de quinze anos, espaço que medeia o episódio do caminho de Damasco de sua primeira carta, Paulo pôde meditar profundamente e ter, claramente, a plena consciência de sua vocação de apóstolo dos pagãos. Dentre todos os apóstolos, é o único que expressa, *de forma clara*, a sua *consciência pessoal apostólica*. É o primeiro escritor do Novo Testamento que utiliza a expressão apóstolo *no singular* para indicar a si próprio.

Na base do sentido do termo *apóstolo*, em Paulo, está o envio de Jesus e o do Cristo Glorioso. Paulo haverá de meditar, longamente, na realidade do *envio*. É tão forte esta consciência nele, que tal noção ficará como *nota fundamental do apostolado*.

Paulo se autoproclama apóstolo *do Cristo* ou *apóstolo de Cristo Jesus* (cf. 1Tm 2,7). A missão vem, para Paulo, de uma *aparição* do Ressuscitado (cf. 1Cor 9,1). Em Primeira Carta aos Coríntios 15,3-9 Paulo se coloca na *série enumerada* dos que mereceram ter a aparição do Ressuscitado. Ele é o *último*! Assim como as aparições completam o quadro da ressurreição, para Paulo completam a sua vocação. Se os grandes apóstolos *mereceram ver o Senhor*, também Paulo se *situa entre eles*. No caminho de Damasco ele *viu o Senhor*. Também ele, como *os Onze*, é um *apóstolo-fundador*.

Em Primeira Carta aos Coríntios 1,1 e Segunda Carta aos Coríntios 1,1, Paulo se apresenta apóstolo por *vontade imperiosa de Deus*. Esta expressão reaparece em Ef 1,1 e Cl 1,1. Em Gl 1,1 ele completa: "Paulo, apóstolo, não por parte dos homens, nem por intermediário dos homens, mas por Jesus Cristo e Deus Pai...". Na consciência de Paulo, nega-se toda a participação humana no início de sua vocação. Contudo, está explícita a *dimensão eclesial* do seu chamado (cf. Gl 2,1-2).

Paulo sente-se *convocado como apóstolo* (cf. Rm 1,1 e 1Cor 1,1). Esta convocação é um dado fundamental, como acontece para a comunidade cristã (Rm 1,7). A comunidade de Israel, chamada santa, tinha uma função precisa em meio aos povos. Força para esta comunidade eram os profetas, tais como Isaías e Jeremias. Paulo se compara a estes grandes profetas, os responsáveis pela comunidade santa de Israel.

Paulo enriquece o sentido de apóstolo. Judeu que era, atento à ação de Deus na história, Paulo não deixou a religião dos seus pais. *Ele teve a nítida sensação de que a cumpria perfeitamente*. Realizava, com sua vida, a afirmação de Jesus: "Não pensem que eu vim abolir a Lei e os Profetas. Não vim abolir, mas dar-lhe pleno cumprimento" (Mt 5,17).

Fariseu de nascença, acreditava no valor da Lei e na sua função de intermediária da salvação. Convertido por Jesus, ele vai compreender que os pagãos têm, pela fé, um *acesso direto a Jesus Cristo*. Esta compreensão representa a *ruptura com o judaísmo histórico*, enquanto hostil à liberdade cristã.

O apóstolo do Evangelho

Em outros textos apóstolo significa *obreiro zeloso* do Evangelho. Esta nota é também um dos componentes da função mais englobante de chefe na Igreja. O apóstolo viu o Senhor. Porém, tão importante quanto esta visão é o fato de *trabalhar* pelo Evangelho. Este labor pelo Evangelho coloca uma nova dimensão da vocação apostólica. O trabalho é uma *confirmação* de sua *investidura* apostólica. A razão é que a obra do Evangelho, por intermédio do apóstolo, *é a do mesmo Cristo*.

Uma especificação mais precisa da responsabilidade do Evangelho se exprime, para Paulo, em seu título de *apóstolo dos gentios* (cf. Gl 2,6-10). O fato dessa investidura dá-se em Jerusalém, por volta do ano 49. Paulo escreve pelos anos 56. Os fatos dos quais Paulo se recorda aconteceram por volta dos anos 40. Nesses anos o Evangelho aparecia destinado ao mundo dos pagãos e ao do judaísmo. Ambos os mundos eram extensos... Os chefes cristãos haviam esquematizado a evangelização e a tinham entregado a Pedro e Paulo, igualmente. No momento em que escreve a carta aos Gálatas, a situação já se está passando diversamente. Em Paulo já existe a nítida consciência de ser *apóstolo dos gentios*. Essa consciência é clara em Romanos 1,1-5. Aparece aí que sua *investidura apostólica* foi-lhe atribuída de direito, mais que de fato. Com efeito, Paulo não fundara a comunidade de Roma...

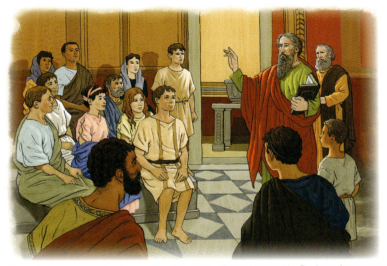

Paulo sente urgência em anunciar Jesus como Boa-Nova. "Em toda sua vida, Paulo andou em províncias dominadas pelo Império Romano. Mas os ensinamentos de Jesus precisavam chegar também à capital. E assim aconteceu. Durante o governo de *Nero*, Paulo chega a Roma. Durante dois anos, em uma casa alugada, anuncia o Evangelho."[15]

Em Romanos 11,13-14, Paulo recorre à sua função *de apóstolo dos gentios*. Neste capítulo o apóstolo está falando da rejeição do Evangelho por parte de Israel. Os pagãos, ao contrário, acolhem com alegria o Evangelho. O título representa a ação de como Paulo exercita essa função. Não é um *monopólio* nem uma *especialização*. Romanos 11 é um testemunho comovente da fé e do dinamismo de Paulo.

---

[15] GRENZER, Matthias; SOUSA, Fabiana. *O mundo de Paulo*. São Paulo: Paulinas 2008. p. 47.

O título de apóstolos dos gentios é também paradoxal. Paulo, um judeu convertido, procura, *sistematicamente*, atender só os pagãos. Os outros apóstolos, embora também evangelizem os pagãos, atendem, quando necessário, às comunidades judeo-cristãs. Com nuances, a *qualidade* de apóstolo dos pagãos *define* o apóstolo Paulo de forma específica. Para ele, a nota genérica de obreiro do Evangelho se precisa, com este título, de forma única.

Como conclusão

Com relação ao sentido de apóstolo, o termo apresenta um crescendo. Partindo do sentido quase etimológico de *enviado*, Paulo afirma a nítida consciência de ter sido chamado ao apostolado pelo Cristo Ressuscitado, de ter recebido uma vocação do mesmo Senhor. Posteriormente, o título de apóstolo é concebido como *chefe da Igreja*, obreiro zeloso do Evangelho, destinado, por isso mesmo, ao sofrimento por causa do Cristo, servidor dos gentios.

Paulo demonstra, portanto, ter assumido a grandeza da vocação cristã e de sua dignidade. Ao mesmo tempo, contudo, percebe-se nele um crescimento em profundidade *teologal*, que faz aumentar seu serviço em dignidade, bem como na assunção das duras exigências de seu labor por Cristo.

A dúplice significação maior do apostolado paulino, já *tradicional* no tempo de Paulo, *ainda é conservada, hoje, na Igreja?* O nosso apostolado exprime as notas de *enviado* e de *chefe*? Pode-se dizer que o sentido de enviado e de chamado, na tradução para o latim, perdeu este sentido. Conseguiu recuperar o de *chefe na Igreja*. Foi neste sentido que o termo passou, do latim, para as línguas modernas.

Malgrado este esquecimento e mudança de sentido, mister se faz recuperá-lo na Igreja. *É preciso revalorizar hoje e recolocar às claras esta verdade de fé. Todo apóstolo na Igreja é, por isso mesmo, um homem escolhido e mandado como tal por Deus e pelo Cristo.* Paulo nos recorda essa revalorização.

A segunda dimensão que *sublinhamos* no apelativo apóstolo é a de *obreiro* do Evangelho. O apóstolo é o servidor zeloso do Evangelho. É uma qualidade de todos os operadores de evangelização. As cartas de

Paulo são um convite constante à atualização dos homens e mulheres apostólicos. Paulo é um convite a uma teologia do apostolado renovada pela fé no *apelo divino*. Este apóstolo se *consuma todo pelo Evangelho*, mas um Evangelho *destinado a todas as nações*.

"Paulo chega a Atenas nos anos 50 do primeiro século d.C. Conta-se que descobriu um *altar* com a seguinte inscrição: *Ao deus desconhecido*. Dialogando com os atenienses, identifica este deus com o *Deus de Israel*, Pai de Jesus. Contudo, não acreditam em Paulo. Chamam-no de *tagarela* e *pregador de divindades estrangeiras*. No entanto, o insucesso de Paulo em Atenas não foi total. *Dionísio*, uma mulher chamada *Dâmaris* e *alguns outros* se tornaram cristãos."[16]

Para compreender melhor

1. Comente qual é a missão de Jesus.
2. Comente os quatro valores que Jesus recomendava aos seus discípulos, quando saíssem em missão.
3. Qual papel cabe ao Espírito Santo na obra missionária?
4. Identifique os carismas presentes no grupo.
5. Assim como os discípulos organizaram as primeiras comunidades, quais são as características de nossa comunidade/Igreja?

---

[16] Ibid., p. 35.

Conclusão

A graça do Batismo e da Confirmação é projetiva e requer de nossa parte a resposta de adesão ao dom da filiação divina, com uma vida segundo o coração e os ensinamentos de Jesus. Esta, por sua vez, permanece sempre inacabada, até nosso último respiro.

O seguimento de Jesus será esta resposta construída diariamente, mediante o "sim" que dizemos nas situações nas quais enxergamos o apelo da vontade do Pai para acolher o Reino e promover a vida em plenitude.

O seguimento se transforma em caminho insubstituível para, simultaneamente, reconhecer Jesus e construir a identidade cristã. Esta deve ser constantemente repensada e reconstruída à luz do Espírito que conduz a história.

Desde o início de seu ministério público, Jesus realiza sinais indicando que em sua pessoa o Reino se faz presente. Este Reino tem uma lógica própria que contraria outra lógica, a do mundo. Todo o trabalho do Mestre consistirá em considerar os valores do Reino com as correspondentes atitudes que este modo de viver inaugura. Portanto, educar-se para o Reino, mais que assimilar verdades, tratar-se-á de adquirir um novo jeito de agir e de pensar conforme a pessoa e a missão do Mestre.

Para compreender a dinâmica do Reino, os discípulos irão esbarrar na compreensão do messianismo de Jesus. Ele se identifica com o Messias-Servo que se doa livremente, e não como era esperado, como o messias político que viria instaurar o poder de Israel sobre o mundo. Até o desenlace final da vida de Jesus, o Messias-Servo será a pedra de tropeço para os discípulos compreenderem quem é Jesus.

Somente depois da Ressurreição, os discípulos serão capazes de reconsiderar as ações e palavras de Jesus e, fortalecidos pelo Espírito do Ressuscitado, corajosamente, anunciarão o que viram e ouviram dele, a ponto de sofrerem o martírio pela verdade desta Pessoa.

"A máxima realização da existência cristã com um viver trinitário de 'filhos no Filho' nos é dada na Virgem Maria que, através de sua fé (cf. Lc 1,45) e obediência à vontade de Deus (cf. Lc 1,38), assim como por sua constante meditação da Palavra e das ações de Jesus (cf. Lc 2,19.51), é a discípula mais perfeita do Senhor."[17]

Maria é a "serva do Senhor", como ela disse de si mesma ao ouvir o anúncio do anjo de que seria a mãe de Jesus. Naquele momento, Maria assumiu a sua vocação e se entregou prontamente à ação do Espírito Santo: "Faça-se em mim segundo a tua palavra" (Lc 1,38).

Maria de Nazaré é o modelo de discípula fiel e de serva que responde de todo o coração ao plano de Deus. É a primeira discípula e missionária a trilhar pelos caminhos do Reino. E a história de Maria, absolutamente, tem início com um "sim". A maior das revoluções que poderia acontecer na vida de uma pessoa e na história de toda a civilização começou com a menor das palavras. Ao dizer "sim" Maria desencadeou um projeto que impactou sua vida, mas que também atingiu a vida de cada um de nós.

---

[17] *Documento de Aparecida*, n. 266.

Bibliografia

Documentos

CONCÍLIO VATICANO II. Constituição pastoral *Gaudium et Spes*.

_____. *Sacrosanctum Concilium*.

PAPA FRANCISCO. *Exortação Apostólica Evangelii Gaudium*. São Paulo: Paulinas, 2013.

_____. *O rosto da misericórdia*: bula de proclamação do jubileu extraordinário da misericórdia. São Paulo: Paulinas, 2015.

INSTRUÇÃO GERAL sobre a Liturgia das Horas: comentários de José Aldazábal. São Paulo: Paulinas, 2010.

CELAM. *Documento de Aparecida*: texto conclusivo da V Conferência Geral do Episcopado Latino-Americano e do Caribe. São Paulo: Paulus/Paulinas, 2007.

CNBB. *A verdade vos libertará*: texto-base da Campanha da Fraternidade, 1982.

_____. *Comunidade de comunidades*: uma nova paróquia. São Paulo: Paulinas, 2014. Documentos da CNBB, n. 100.

_____. *Justiça e paz se abraçarão!* Texto-base da Campanha da Fraternidade, 1996.

_____. *Juventude – Caminho aberto*. Texto-base da Campanha da Fraternidade, 1992.

_____. *Pão para quem tem fome*. Texto-base da Campanha da Fraternidade, 1985.

_____. *Uma Igreja que acredita, acolhe e envia*: evangelho segundo João. São Paulo: Paulinas/Paulus, 2007. Projeto Nacional de Evangelização "Queremos Ver Jesus Caminho, Verdade e Vida".

_____. *Terra de Deus, terra de irmãos*. Texto-base da Campanha da Fraternidade, 1986.

Estudos

BARBAGLIO, G.; FABRIS, R.; MAGGIONI, B. *Os Evangelhos* [I]. São Paulo: Loyola, 1990.

BORTOLINI, José. *Raízes bíblicas do Creio niceno-constantinopolitano*. São Paulo: Paulinas, 2013.

BÖSEN, Willibald. *Ressuscitado segundo as Escrituras*: fundamentos bíblicos da fé pascal. São Paulo: Paulinas, 2015.

BOVON, F. *Vangelo di Luca. Commento a Lc 9,51-19,27*. Brescia: Paideia, 2007. Volume 2.

BRAVO, Arturo. *O estilo pedagógico do Mestre Jesus*. São Paulo: Paulinas/Paulus, 2007.

CASTAÑO FONSECA, Adolfo M. *Discipulado e missão no Evangelho de Mateus*. São Paulo: Paulinas/Paulus, 2005.

CIRILO DE JERUSALÉM. *Catequeses mistagógicas*. Petrópolis: Vozes, 2004.

DERETTI, Edson Adolfo. *Ide, fazei discípulos meus!* Encontros vocacionais. São Paulo: Paulinas, 2010.

FERNANDES, Leonardo Agostini; GRENZER, Matthias. *Evangelho segundo Marcos*: eleição, partilha e amor. São Paulo: Paulinas, 2012.

FRISULLO, Vicente. *As imagens de Jesus*: leitura a partir dos manuais de Confirmação do Brasil. São Paulo: Paulinas, 2012.

GRENZER, Matthias; SOUSA, Fabiana. *O mundo de Paulo*. São Paulo: Paulinas, 2008.

HOMEM, Edson de Castro. *Maria da nossa fé*. São Paulo: Paulinas, 2007.

LOPES, Geraldo. *Patrística pré-nicena*. São Paulo: Paulinas, 2014.

_____. *Pilares da Igreja*: o papel da mulher na história da Salvação. São Paulo: Paulinas, 2015.

MARTÍNEZ ALDANA, H. *O discipulado no evangelho de Marcos*. São Paulo: Paulinas/Paulus, 2005.

MESTERS, Carlos. *Vai! Eu estou contigo!* Vocação e compromisso à luz da Palavra de Deus. São Paulo: Paulinas, 2010.

MURPHY-O'CONNOR, Jerome. *Jesus e Paulo: vidas paralelas*. São Paulo: Paulinas, 2008.

OÑATIBIA, Ignacio. *Batismo e Confirmação*: sacramentos de iniciação. São Paulo: Paulinas, 2007.

PADRES APOLOGISTAS. *Carta a Diogneto, Aristides de Atenas, Taciano, o Sírio, Atenágoras de Atenas, Teófilo de Antioquia, Hérmias, o Filósofo*. São Paulo: Paulus, 1995. [Patrística, 2].

PAGOLA, José Antonio. *Jesus*: aproximação histórica. Petrópolis: Vozes, 2010.

PIRES, José Maria. *Meditações diante da cruz*: as sete palavras de Jesus. São Paulo: Paulinas, 2015.

PRATES, Lisaneos. *Fraternidade libertadora*: uma leitura histórico-teológica das Campanhas da Fraternidade da Igreja no Brasil. São Paulo: Paulinas, 2007.

SILVA RETAMALES, Santiago. *Discípulo de Jesus e discipulado segundo a obra de São Lucas*. São Paulo: Paulus/Paulinas, 2005.

ZWICKEL, Wolfgang. *Atlas bíblico*. São Paulo: Paulinas, 2010.

Artigos

BOMBONATTO, Vera Ivanise. Discípulos missionários hoje: catequese, caminho para o discipulado. In: COMISSÃO EPISCOPAL PASTORAL PARA A ANIMAÇÃO BÍBLICO-CATEQUÉTICA DA CNBB. *3ª Semana Brasileira de Catequese – Iniciação à vida cristã*. Brasília: Edições CNBB, 2010.

MESTERS, Carlos. *A aparição de Jesus aos discípulos de Emaús*. Disponível em: <http://liturgiadiariacomentada2.blogspot.com.br/2014/04/a-aparicao-de-jesus-aos-discipulos-de.html>. Acesso em: 07/05/2015.

MISKALO, Pedro. El Salvador: a beatificação de um profeta. *Mundo e Missão*, São Paulo, ano 22, n. 192, pp. 8-9, maio 2015.

REIMER, Ivoni Richter. *Liderança e ministérios de mulheres em Atos dos Apóstolos*. Disponível em: <http://www.geocities.ws/sitemaranatha/Mulheres1.pdf>. Acesso em: 15/12/2014.

SOCIEDAD DE LOS CATEQUETAS LATINOAMERICANOS. *La alegria de iniciar*. Disponível em: <http://scala-catequesis.net/scala/blog/2015/06/03/la-alegria-de-iniciar-discipulos-misioneros-en-el-cambio-de-epoca-ii/>. Acesso em: 12/06/2015.